L'intelligence créative au-delà du brainstorming

Jean-Louis **Swiners** Jean-Michel **Briet**

Préface d'Edward de Bono

L'intelligence créative au-delà du brainstorming

MAXIMA
LAURENT DU MESNIL • EDITEUR

Jean-Louis Swiners, consultant, conférencier, anime un réseau d'intervenants : WWWarketing Consultants. D'abord grand reporter et photographe (prix Niepce 1962), il rencontre Alex Osborn, l'inventeur du brainstorming, à New York en 1959, lance plusieurs magazines, suit un doctorat en sciences sociales et cognitives, est chargé de conférence à l'École Supérieure de Guerre, puis devient consultant en stratégie et professeur à l'Université du Management HEC-CRC. Rédacteur en chef de *L'Encyclopédie de la Créativité, de l'Innovation et de la Stratégie*, il est l'auteur de plusieurs articles sur la photographie, la créativité publicitaire, la théorie de la décision et la stratégie.

D'abord traducteur, concepteur-rédacteur, puis directeur de création associé en agences de publicité et directeur-gérant d'une société de production audio-visuelle, **Jean-Michel Briet** est aujourd'hui consultant marketing-communication (analyses et synthèses d'études, stratégie, création), et directeur de rédaction.

Ils ont déjà écrit trois livres ensemble : *Une Petite Histoire des Idées en Publicité, Les 10 Campagnes publicitaires du Siècle* (préface de Bill Bernbach) et *Warketing ! Une autre vision de la stratégie.*

Ils peuvent être contactés par courriel à intelligence-creative@wanadoo.fr ou par l'intermédiaire du site www.intelligence-creative.com.

infos/nouveautés/catalogue : **www.maxima.fr**

MAXIMA
LAURENT DU MESNIL EDITEUR

192, bd Saint-Germain, 75007 Paris
Tél. : + 33 1 44 39 74 00 - Fax : + 33 1 45 48 46 48

ISBN : 284001 385 1

Sommaire

Préface d'Edward de Bono[1]

J'ai eu l'occasion de travailler, dans mon domaine qui est la créativité, avec de nombreuses entreprises importantes un peu partout dans le monde. J'ai presque toujours constaté que leur principale préoccupation est, d'abord, de maintenir le système en état de marche en prenant les problèmes au fur et à mesure qu'ils se présentent, et, ensuite, de copier les autres.

Autrement dit, elles se contraignent elles-mêmes à gravement sous-utiliser leur potentiel (*know-how*, ressources humaines, marques, technologies, distribution, etc.). Pour tirer pleinement profit de leurs atouts, elles ont besoin d'une chose : la *créativité*.

Mieux, la créativité devient le facteur décisif et le deviendra de plus en plus, et cela pour deux bonnes raisons :

- la première raison, c'est que la compétence, l'information et un grand nombre de technologies de pointe sont en train de devenir des produits et services de base, à la disposition de chacun. Cela signifie que le succès va dépendre de la façon dont ces produits et services de base seront transformés en produits et services à haute valeur ajoutée. Ce qui suppose la créativité ;
- la seconde raison est que presque tous les processus et prestations finiront par être informatisés. Seule la créativité, en fin de compte, ne peut pas l'être.

La créativité présente deux aspects fondamentaux.

L'un est le processus de pensée qui la produit. On a toujours considéré la créativité comme un mystère. Or, comme je l'ai montré dès 1969 dans mon livre *The Mechanism of Mind*, la créativité n'a rien de mystérieux. Elle se définit, en sciences cognitives, comme une rupture dans le mode de traitement de l'information d'un système auto-organisé (le cerveau) qui a développé ses propres modèles référentiels ou *patterns* (disons : ses habitudes). Grâce à des méthodes de provocation la créativité

1. Edward de Bono est considéré comme le leader mondial dans le domaine de la pensée créative. Inventeur du concept de « pensée latérale » et du mot (qui est entré dans l'*Oxford Dictionnary*) – il est l'auteur de 67 ouvrages traduits dans 38 langues, dont quatre seulement, hélas, en français (voir bibliographie). Il figure – à côté de Michaël Porter, Peter Drucker, Philip Kotler, Jim Collins, Jack Welch, Richard Branson, etc. – dans la liste des Top 50 (« gourous » du management) d'Accenture, c'est-à-dire parmi les cinquante penseurs les plus influents du monde des affaires dans la liste établie par l'Institute for Strategic Change. Voir : *www.debonogroup.com/accenture.htm*.

libère de la trajectoire habituelle et permet d'emprunter un tracé latéral, source d'idées nouvelles.

À partir de là, on peut développer les outils formels de la pensée latérale, qui permettent l'usage et l'exploitation délibérés et volontaires de la créativité. Ces outils – les Six Chapeaux, etc. – peuvent être étudiés et pratiqués en séminaire comme ceux que nous organisons en France [1].

L'autre aspect est l'utilisation qui est faite de la créativité en équipe et dans les organisations. Et l'intérêt tout particulier de ce livre est qu'il est consacré aux gens qui font (ou devraient faire) appel à la créativité, faute de quoi elle reste inemployée.

Voici donc enfin un livre complet et détaillé qui traite de la créativité d'une façon pratique et utile, et où pratiquement toutes les approches sont abordées.

C'est un plaisir pour moi de préfacer ce livre, d'abord parce que je connais Jean-Louis Swiners depuis vingt ans, notre première rencontre ayant eu lieu à Bruxelles au cours de mes séminaires dans le cadre de Management Centre Europe ; ensuite parce que les auteurs, pour me convaincre, m'ont fait valoir que le préfacier de leur deuxième livre n'était autre que le grand Bill Bernbach, le génie créatif de la publicité ; mais aussi parce que j'estime que le potentiel de créativité en France est encore plus sous-utilisé qu'ailleurs.

Certes, elle a ses promoteurs, dont quelques-uns se sont inspirés de mon travail, mais il n'existait pas de vue d'ensemble ni, surtout, de méthodologie *professionnelle.* C'est ce qu'apporte ce livre.

J'ai toujours défendu la créativité structurée (*serious creativity*) et l'idée que le meilleur moyen de lutter contre la concurrence est la pensée créative. Les auteurs défendent un concept très proche, celui d'intelligence créative, correspondant pour moi à de la créativité efficace, pour imaginer et mettre en œuvre des stratégies gagnantes.

J'aime définir la créativité comme de l'« efficacité inattendue ». Nos deux acolytes vont plus loin. Ils disposent les deux composantes de cette définition sur deux axes, divisent chaque axe en trois degrés et expliquent que le challenge de la créativité n'est pas d'être inattendue et efficace mais d'être *très* inattendue et *très* efficace – et cela, qui plus est, dans le minimum de temps, ou pour le minimum d'argent.

Dès les années quatre-vingts, j'avais expliqué combien le brainstorming tel qu'il est généralement conçu pouvait être *dangereux* – personne ne se sent plus obligé d'être créatif en dehors des brainstormings annuels – et risquait de faire *régresser* la créativité. Il est bon de temps en temps pour trouver des noms de marque et des idées

---

1. Minding International, *www.mind-ing.com.*

publicitaires, mais ne s'applique pas à la solution de problèmes pratiques qui se posent de façon permanente dans l'entreprise [1]. Et je suggérais alors qu'il nous faudrait trouver un nouveau mot, et avais même proposé *brain-sailing*, pour désigner ces réunions où l'on *trouve* des idées.

Ce mot, je l'ai trouvé dans ce livre : voici, pour désigner un nouveau processus continu en équipe, le *challenge-storming*, qui met enfin en pièces le brainstorming, et consiste à monter collectivement à l'assaut (*to storm*) d'un *challenge*, un but qu'on s'est fixé ensemble. J'ai toujours pensé, pour ma part, que le challenge est peut-être le processus créatif de base. Au cœur du *challenge-storming*, il y a cette provocation, cette émulation créatives inspirées par des scénarios concurrentiels.

Pour éviter de sauter sur la première fausse bonne idée venue, j'ai toujours préconisé la méthode du quota de solutions [2]. Nos deux auteurs ont à cet égard une position radicale. Ils affirment et prouvent que tout problème dans ce monde a au moins trois solutions – à l'exception des problèmes scolaires de mathématiques, conçus pour n'en avoir qu'une. Faute d'avoir trouvé au moins trois solutions différentes, l'équipe doit revoir sa copie jusqu'à ce qu'elle les trouve. Voilà qui est, selon ma définition de la créativité, *inattendu* et *efficace*. Car nous n'avons jamais vu d'équipes qui, ayant imaginé trois solutions, s'arrêtent là. Sous la pression d'un tel *challenge créatif*, elles en trouvent une quatrième, puis une cinquième.

Le vrai changement, la véritable innovation (produit ou organisationnelle) sont à ce prix.

Edward de Bono
Château du Planty, Sainte-Christine

---

1. « Why brainstorming may be dangerous », dans : *Letters to Thinkers*, Penguin Books, 1987, p. 128-133. De Bono revient à plusieurs reprises sur sa critique du brainstorming dans *La Boîte à outils de la créativité*.

2. On trouve cette technique, sous le nom « Se fixer un quota de variantes », dans *La Pensée latérale* publiée en France en 1973, p. 81-85.

Introduction

En tant que discipline intéressant au premier chef les organisations et les entreprises, la créativité, innovation conceptuelle des années cinquante, est désespérément restée bloquée au stade infantile : jeux puérils de développement personnel, « techniques » farfelues ou très limitées comme le remue-méninges et belles histoires puisées dans un passé mythique, le tout sur fond de confusion mentale, ne peuvent en aucun cas aider à la production d'idées intelligentes de solutions efficaces et innovantes.

Après avoir analysé les causes de cette situation, le présent ouvrage s'interroge sur le paradoxe central d'une créativité qui se voudrait réellement professionnelle, c'est-à-dire nécessairement collective : s'il est presque impossible à un seul d'imaginer et de mettre en œuvre des solutions innovantes aux problèmes complexes d'aujourd'hui, il faut donc s'y mettre à plusieurs ; or, on constate non seulement qu'il est presque impossible à des gens normalement intelligents de se mettre collectivement d'accord sur des solutions intelligentes lors d'une prise de décision, mais qu'au contraire (on le voit tous les jours...) des gens intelligents peuvent très bien aboutir ensemble à des décisions absurdes.

Tel est le défi que doit affronter toute organisation, toute entreprise soucieuse de perdurer. Un défi à transformer en *challenge* partagé par l'équipe et engageant l'avenir, concept-clé de la méthode du *challenge-storming* en sept points présentée pour la première fois ici – la seule qui, rigoureusement suivie, permette de multiplier, dans certains cas, par trois un Quotient d'intelligence créative collective, de produire de façon continue des idées de solutions créatives et de choisir la meilleure.

Première partie

DE LA « CRÉATIVITÉ » À L'INTELLIGENCE CRÉATIVE

On se souvient du livre de Michel Crozier : *La Société bloquée*, une analyse lucide des blocages de la société française à la fin des années soixante. Il avait été précédé du *Phénomème bureaucratique*, paru en 1959, où tout était déjà dit sur la résistance forcenée des Français au changement. Toutes choses égales par ailleurs, le constat reste actuel.

Notre propos n'est pas sociologique, mais, étrangement, le même constat peut être fait de la « créativité », arrivée en France dans ces années-là, et restée tout aussi bloquée aujourd'hui qu'hier – non seulement dans ses soi-disant méthodes et applications, mais dans sa définition même, ceci expliquant d'ailleurs cela.

Les causes, en réalité, sont les mêmes : la peur et le refus du changement. Ce n'est pas qu'on ne veuille pas du nouveau. On veut du nouveau, comme Don Leopold Auguste dans *Le Soulier de satin* de Claudel, mais qui soit de l'ancien. Du changement, mais dans la continuité.

On veut bien être original, mais pas tout seul.

Chapitre 1

La créativité bloquée

Juin 1959, la créativité et le brainstorming débarquent en France

La *créativité* – la chose, puis le mot – avec le brainstorming dans ses bagages, débarquent en France par surprise à la fin des années cinquante.

Il y avait bien eu la publication de *La Création scientifique* d'Abraham Moles en 1957 avec la présentation détaillée de 21 méthodes heuristiques [1] *sérieuses* ; mais c'est le parution en juin 1959 de *L'Imagination constructive. Principes et processus de la Pensée créative et du Brainstorming*, d'Alex Osborn (1888-1966), publicitaire *créatif*, créateur du brainstorming en 1935, avec une préface de Louis Armand (1905-1971), président de la SNCF et futur académicien, et un chapitre consacré au processus détaillé du *brainstorming* qui lance la « créativité » – et le brainstorming.

Dans l'avertissement, l'introduction et la définition du néologisme « créativité » : « Aptitude à créer des idées grâce à l'imagination ». Avec cette explication en appel de notes : il s'agit d'un néologisme acceptable construit sur le modèle de « productivité » : *la créativité est à la création ce que la productivité est à la production.*

C'est un de ces mots qui rencontrent un succès immédiat et dont, très vite, on ne peut plus se passer. Un américanisme que l'Académie Française a longtemps refusé, s'en tenant farouchement à « inventivité », ou plus simplement à « imagination ». Sous l'impulsion de Louis Armand, elle a finalement consenti à l'admettre avec réticence dans son dictionnaire comme : « aptitude à créer, à inventer ». On tournait en rond. Des milliers de définitions « non académiques » en ont été proposées, des centaines d'ouvrages ont été écrits sur le sujet. Dès les années soixante, sont publiés le livre de William Gordon, consultant chez Arthur D. Little, *Synectics* (1961, traduit en français en 1964 sous le titre *Stimulations des facultés créatrices dans les groupes de recherche par la méthode synectique*, chez Hommes et Techniques, le département

1. Une méthode heuristique est une méthode de découverte, l'étymologie *heuriskein* « trouver » est la même que celle d'« Eurêka ! » « J'ai trouvé ».

éditions de la Cegos) ; *Brainstorming* de Charles Clark, traduit en français sous ce même titre en 1962 ; *Prise collective de décisions et direction de groupes* de Norman Maier en 1964 ; *Le Cri D'Archimède* d'Arthur Koestler (1905-1963), en 1965 ; *The Use of Lateral Thinking* d'Edward de Bono en 1966 ; *La problémation* de Pierre Goguelin (1910-2003) en 1967 [1], etc.

En quelques années, tout est dit. Paul Torrance (1915-2003) avait par ailleurs proposé, dès 1957, une définition opérationnelle de la créativité, donnée, avec le *courage*, comme un facteur-clé de survie en territoire hostile. McKinsey, le cabinet de consultants, avait organisé en 1962 un symposium à Chicago sur la créativité organisationnelle, dont les conclusions n'ont toujours pas une ride. On disposait dès lors des concepts, des outils, des méthodes pour faire – comme dit Edward de Bono – de la créativité *sérieuse* (*serious creativity*) [2].

C'est pourtant bien de sérieux que la créativité, en tant que pratique, va hélas le plus souvent manquer. Ne s'agirait-il pas d'une nouvelle catégorie de l'esprit, peut-être d'un don magique, manifeste chez les artistes, autoproclamé chez d'autres, caché en chacun de nous et dans ce cas exploitable, tel un minerai précieux, par telle ou telle technique très élaborée en de coûteux séminaires ? « Tous *créatifs* ! », voilà qui vous a une autre allure, avec sa part de mystère post-moderne, que « tous inventifs ! » ou « tous imaginatifs ! »...

Hélas, dès les années soixante-dix, des empêcheurs de délirer en rond dressent un bilan globalement négatif des séminaires de créativité (cf. notamment un article lucide de *Psychologie*). À la même époque, Gabriel Véraldi s'interroge et conteste non seulement l'utilité, mais la validité même de ces techniques.

Près de cinquante ans plus tard : un blocage au stade infantile

Où en sommes-nous aujourd'hui ? Pas beaucoup plus loin. Pour nous en tenir à la France, nous ne retiendrons que trois exemples pris dans la presse scientifique et

1. Rendons au passage l'hommage qu'il mérite à cet auteur d'un livre injustement oublié et méconnu, mais toujours actuel. Pierre Goguelin était professeur au CNAM (Conservatoire National des Arts et Métiers). Il avait créé ce beau néologisme de « problémation » et son livre traitait de problémologie. Il s'intéressait à la résolution de problèmes (techniques, au demeurant) *à plusieurs* et proposait la « réunion-discussion » comme alternative très supérieure au brainstorming.

Peut-être le terme de réunion-discussion était-il mal choisi ? Cette technique est tombée dans l'oubli. Nous lui devons beaucoup.

2. Qu'il a choisi de traduire en français par « créativité structurée ».

professionnelle, trois symptômes déjà un peu anciens mais qui restent pour nous tout à fait actuels.

« Créativité mode d'emploi »

En 2001, plus de trente ans après les bons auteurs susnommés, Philippe Chambon dressait dans *Science & Vie* un nouveau bilan [1]. Toujours aussi négatif. Il y a de quoi !

À titre d'exemple, voici les conseils d'un célèbre gourou tels que Chambon les rapporte :

1) Maintenez votre curiosité en éveil. Intéressez-vous aux sujets les plus variés. À tout propos, demandez-vous : Pourquoi ? Comment ?
2) Fréquentez des gens de toutes origines, aussi différents que possible entre eux et de vous-même.
3) Intéressez-vous aux *inventions* du passé et d'aujourd'hui. Attachez-vous aux parcours, souvent surprenants, qui ont conduit à leur *découverte (mais comment peut-on découvrir une invention ? Nous reviendrons sur la confusion entre « découverte » et « invention »).*
4) Prenez le temps de rêver. Face à un problème qui vous préoccupe, abandonnez la recherche d'une solution, faites une pause et laissez votre imagination vagabonder.
5) Dialoguez, aussi souvent que possible, avec les enfants, même s'ils n'ont que deux ans.
6) Trouvez un équilibre satisfaisant entre votre activité physique et votre activité mentale.
7) Entraînez votre flexibilité mentale par divers exercices. Par exemple, cherchez le plus grand nombre possible de conséquences à un événement improbable, la disparition du besoin de dormir, la gratuité des transports, etc.
8) Adonnez-vous à la pratique d'un art ou d'un violon d'Ingres.
9) Cherchez des analogies à tout propos avec les personnes ou les situations que vous rencontrez.
10) Soyez prêt a accueillir le hasard de façon positive.
11) Ne vous découragez pas. Ayez confiance en vous et tirez profit de vos erreurs pour construire vos succès futurs.

---

1. « Créativité mode d'emploi », un article au sein d'un dossier « Comment pensent les génies. Enquête dans les coulisses de l'intelligence créative », dans *Science & Vie*, février 2001.

« Huit idées pour avoir des idées »

Même chose avec un article intitulé « Huit idées pour avoir des idées », paru dans un magazine mensuel consacré au management, d'habitude sérieux et bien informé [1]. Un article qui aurait pu être écrit il y a quarante ans avec un meilleur titre : « Huit idées pour ne pas en avoir ! » L'auteur ne donne même pas l'impression d'y croire. Voici les huit idées – en fait des techniques – et les exemples qu'il donne avec ses commentaires :

Les matrices de découverte

Une matrice de découverte se présente sous la forme d'un tableau à double entrée. S'agissant d'un produit, par exemple, on inscrira sur les lignes les composantes, en colonnes les modifications possibles. On croise le tout. On découvre des cases vides auxquelles on n'a pas pensé (rappelons que la plus fameuse des matrices de découverte, la seule qui ait jamais marché, est la table périodique des éléments de Mendeleïev).

Exemples donnés : un visuel publicitaire pour Amnesty International ; une fenêtre dont les barreaux sont des bougies ; un nom de marque, Twingo (qui, à la suite de la recherche de nom menée par Gotta Gmbh [2] devait s'appeler Ypso. Lancia ayant déjà déposé Ypsa en Italie, on retint Twingo, nom qui arrivait en quatrième position et qui rime avec Ringo et Bingo).

Commentaire de l'auteur de l'article : « Cette technique, qui repose sur une étude systématique de toutes les combinaisons, convient à ceux qui ont besoin de sécurité. Cette démarche d'exhaustivité rassure ».

Les matrices d'analyse morphologique

Méthode très compliquée à l'origine, inventée par un astronome suisse génial, Fritz Zwicky, pour découvrir des étoiles inconnues. Impossible à expliquer [3] et encore plus

1. *Management* de février 2002, sous la plume d'Anne-Marie Nogues. On y avait trouvé quatre ans plus tôt l'excellent article de Teresa Amabile traduit *d'Harvard Business Review* : « Les six ressorts de la créativité », décembre 1998, p. 121-125.

2. Voir : *www.gotta.de.*

3. Michel Godet, dans : *De l'anticipation à l'action*, Dunod, 1992, consacre un chapitre tout entier (p. 137-141) à l'analyse morphologique sans épuiser le sujet. Il a développé un logiciel (Morphol) afin, nous citons, qu'« on ne puisse plus reprocher à l'analyse morphologique sa difficulté de mise en œuvre

à utiliser dans un bureau (nous en donnerons une version très simplifiée dans les étapes 2 et 5 de notre méthode).

Exemple d'idée obtenue avec cette technique : des animations sur les parkings des hypers pour les hommes qui attendent leurs épouses.

Commentaire de l'auteur : « Partant d'une étude analytique "sérieuse", cette technique est adaptée à des équipes se méfiant *a priori* des techniques créatives décoiffantes. »

La méthode aléatoire

Vous prenez le premier mot de la page d'un livre ouvert au hasard.

Exemple : l'illumination d'un quartier avec la projection d'ombres chinoises.

Commentaire : « Cette méthode, facile à mettre en œuvre, peut servir à relancer un classique brainstorming où l'imagination faiblit. »

La méthode analogique

On cherche des analogies dans un autre domaine.

Exemples donnés : la fidélisation du client inspirée de la fidélité dans le couple ; l'idée du Velcro inspirée par les fruits hérissés de petits crochets de la bardane, dont les enfants se bombardent ou décorent leurs vêtements, les appelant « balles collantes », « boutons de pompier » ou de « mendiant » ; les avions ravitailleurs en vol inspirés par l'observation des libellules [1].

Commentaire : « L'analogie constitue l'un des plus puissants outils de la créativité. Plus le champ analogique est éloigné du domaine du départ, plus les solutions sont difficiles à trouver. Mais plus elles sont innovantes. »

La méthode du concassage

On « concasse », c'est-à-dire on soustrait, on ajoute, on multiplie, on divise, etc., le produit.

Exemple donné : un caddie avec compartiment et étages.

---

opérationnelle ». Ce dernier est téléchargeable gratuitement sur Internet : *www.3ie.org/lipsor/morphol_appli.htm.*

1. C'est l'hypothèse de la bionique que nous aborderons en parlant du cas Léonard de Vinci.

Commentaire : « La méthode est plus indiquée pour travailler sur un objet que sur un service. »

La méthode antithétique

On fait le contraire.

Exemple donnés : un restaurant où il n'y aurait rien à manger ; on y apporte ses ingrédients et le cuisinier les accommode à la demande. Un colloque sans orateur, sans thème et sans salle.

Commentaire : « Une technique recommandée lorsque les participants ont du mal à prendre du recul par rapport à un problème, parce qu'ils le connaissent trop bien ou parce qu'ils ont le sentiment d'avoir déjà tout donné. »

Le « scénario catastrophe »

On imagine le pire.

Exemple : un centre de vacances veut organiser un séminaire pour une entreprise. Le groupe de travail se demande d'abord : comment s'y prendre pour saboter le séminaire : en mettant des araignées dans la salle de réunion, en maculant les draps de boue, en laissant des fêtards semer la pagaïe pendant le dîner. C'est ainsi que les organisateurs vont mettre le doigt sur des détails essentiels : vérifier plus que d'habitude la propreté de la salle de réunion, changer les draps chaque jour, isoler les séminaristes par un paravent…

Commentaire : « Cette méthode favorise l'émergence d'idées neuves et facilite leur mise en œuvre, car elle devance les objections et les problèmes de faisabilité. »

La méthode des cartes mentales

Une carte mentale est un plan à plusieurs niveaux en forme d'arborescence rayonnante.

Technique de prise de notes qui permet de former toutes sortes d'associations [1].

1. Il s'agit du *Mind Mapping* qu'on traduit en France par « schémas heuristiques ». C'est une bonne méthode d'invention *littéraire*, ou de prise de notes ou classement des idées mais en aucun cas une méthode de résolution de problème d'entreprise.

Commentaire : la méthode idéale pour « lancer la machine » quand on réfléchit seul à un problème devant sa feuille de papier, et éviter l'angoisse de la page blanche. Accessoirement, on peut la proposer à un enfant qui bloque devant une dissertation.

« 20 bons trucs pour développer votre créativité »

Dans un hebdomadaire pour cadres en recherche d'emploi [1], « 20 bons trucs pour développer votre créativité », avec en prime un test de Pascal Perrat (formateur et « éveilleur d'idées ») pour l'évaluer.

1. Vous aussi, vous pouvez être créatif ! Pourquoi déléguer aux autres le soin d'écrire, de peindre, de trouver de nouvelles idées ?
2. Lâchez-vous.
3. Laissez une grande marge de manœuvre à vos collaborateurs.
4. Notez tout sur un cahier.
5. Travaillez sur les analogies.
6. Lancez des expérimentations audacieuses.
7. Reprise du truc n° 4. Un petit carnet pour noter.
8. Autorisez-vous l'échec.
9. Soyez élémentaire.
10. Ne soyez pas frustré si vos idées ne sont pas retenues.
11. Trouvez-vous des moments de respiration.
12. Lisez des propos qui vous titillent.
13. Faites du benchmarking : regardez ce que font les autres et comment ils le font.
14. Remontez à la source des problèmes.
15. Intéressez-vous aux autres.
16. Constituez des équipes composées d'autant de femmes que d'hommes (ce qu'Osborn conseillait déjà dans les années cinquante, avec même un quota : au moins 40 % de femmes).
17. Trouvez un candide.
18. Observez.
19. Rebondissez sur les suggestions qui semblent sans intérêt.
20. Soyez sûr de vous, ne doutez pas. Faites du théatre. On y apprend à mentir. Mais surtout cultivez-vous.

La liste est agrémentée d'interviews : un producteur d'émissions de télé, un grand chef de cuisine, un directeur de théâtre, un professeur de « management de la

1. *Courrier Cadres*, n° 1487, 10 avril 2003, p. 22-33.

créativité et de l'innovation » qui nous apprend que, dans les entreprises « on compte moins de 0,5 idée par personne et par an », et un responsable de la qualité d'une entreprise « créative » où la moyenne est de sept idées par personne et par an, qui nous révèle qu'on a ainsi pu faire 45 000 euros d'économie, mais qu'une personne doit s'en occuper *à plein temps* (faites vous-même le calcul de la rentabilité).

Voici le test :

Treize questions basées sur le schéma : faites-vous, regardez-vous, jouez-vous, écoutez-vous, etc. toujours la même chose, oui ou non ? Treize oui : prenez garde à la routine. Treize non : bravo ! vous avez un tempérament créateur.

Quand on pense que la revue *Psychologies* avait publié il y a vingt-cinq ans [1] un test presque sérieux, on croit rêver.

Mais qui est donc Pascal Perrat [2] ? Un spécialiste de l'invention... *littéraire* !

Conclusion : fausses pistes et perte de temps.

« Soyez créatifs ! », entend-on partout, et le présent ouvrage, dont c'est le propos, fait chorus – en prétendant seulement expliquer *comment*. La créativité est devenue une valeur admirable, souveraine, universellement consensuelle et magnifiquement abstraite. L'innovation (qui lui est indissolublement liée), personne n'en discute, est de rigueur en ces temps de mondialisation. « Créativité et innovation sont plus que jamais une question de survie pour les entreprises », nous rappelle solennellement, sans risque de voir contredit cet impératif catégorique, l'article de *Management* de février 2002 cité plus haut, qui donne ensuite un admirable exemple : le produit qui va assurer la survie d'Herta (filiale de Nestlé) est une saucisse *créative* pour enfants, Knacki Ball.

Quelle ironie, alors, que la pratique de la créativité n'a jamais dépassé le stade de l'infantilisme – et que beaucoup de DRH continuent à se méfier des gens catalogués créatifs comme de la peste et à les écarter soigneusement !... Comment en est-on arrivé (ou plutôt resté) là ?

---

1. « Êtes-vous créatif », par Jean-Louis Sellier, dans *Psychologies*, n° 86, mars 1977, p. 8-12 et 67-68. On le trouve sur www.intelligence-creative.com.

2. www.eveilleur-didees.com.

Chapitre 2

Pourquoi un tel blocage ?

Les blocages à la production d'idées intelligentes et nouvelles, et à plus forte raison de leur mise en œuvre (nous reviendrons sur ces notions qui fondent notre propos), constituent un des principaux *problèmes* des organisations – d'autant plus grave qu'il est rarement identifié, même quand il est trop tard.

Les sources de ces blocages sont culturelles, pédagogiques et organisationnelles.

Une question de culture

Quand une discipline ne fonctionne pas, il faut d'abord en chercher les causes dans la pédagogie, la transmission des savoirs – ou leur absence : définitions floues, tautologiques ou fausses, confusion de concepts, exemples anachroniques et tordus fondés sur des légendes, méthodes puériles et croyances, ignorance ou refus des sources d'information, sont la règle dans le domaine qui nous occupe.

Des blocages linguistiques ou sémantiques

Nous en retiendrons cinq principaux :

- flou total sur le concept d'« idée » ;
- confusion complète des fonctions cognitives ;
- définitions de la créativité sans intérêt, voire fausses ;
- une traduction stupide et malheureuse de « brainstorming » ;
- refus obstiné, pathologique, du mot et du concept de « sérendipité ».

Un flou total sur le concept d'« idée »

On pourrait remplir un bibliothèque de livres qui traitent du management des *idées*, du plaisir à avoir des *idées*, des *idées* décalées pour innover, des moyens de vendre ses *idées*, des 101 façons d'améliorer les *idées* du personnel, etc. À longueur d'année, des articles proposent des *idées*, mieux, des *stratégies* pour avoir des *idées*, des moyens de faire éclore les *idées* de vos collaborateurs, etc.

Mais qu'est-ce qu'une idée ? Personne ne sait. Demandez autour de vous. *Comment en trouver quand on ne sait même pas ce que c'est ?*

Apparemment conscients du problème, quelques auteurs vont jusqu'à faire référence à Platon et, au-delà, aux quatre ou cinq conceptions *philosophiques* d'une idée. Mais que peut-on espérer en tirer ? On imagine Platon, avec sa théorie des Idées et de son Idée de chaise, feuilletant un catalogue d'ameublement : comment expliquerait-il que l'*idée* de chaise cantilever (cette chaise en tube sans pied), qui préexistait d'après lui depuis toujours et planait au-dessus de l'Athènes du IVe siècle dans le monde des Idées, ait attendu 1924 pour descendre sur Terre et jaillir dans le cerveau de Mart Stam, un designer hollandais ?

Voici la réponse de l'auteur d'un livre sur l'innovation auquel nous demandions par e-mail ce qu'il entendait par « idée » et dont nous tairons le nom.

Réponse par e-mail :

– Idée : en latin dit « philosophique », *idea* signifie « type de chose ». Son sens premier est plus intéressant : *idea* en grec désigne les « formes visibles, l'aspect ». Idea vient du verbe grec *idein* qui se rattache à la racine indo-européenne *weid* qui signifie « voir, percevoir » (d'où le latin *videre*, voir).

« L'idée est comme un scénario, elle se déroule visiblement dans notre esprit et devient réalisation par l'action, par sa mise en œuvre, comme un film est un scénario mis en scène. En termes de créativité et d'innovation, (l'idée) claire, signifiante d'un concept, comme on peut dire que deux personnes éloignées géographiquement peuvent parler ensemble, représente le concept de l'ubiquité, c'est une image, une représentation idéale dont une des mises en œuvre fut une innovation technique : le téléphone. » (sic, nous citons mot à mot).

Que cet auteur nous pardonne, nous n'avons toujours pas bien compris – mais nous lui rappellerons que le téléphone fut inventé plus ou moins par hasard, comme chacun sait, par Alexander Graham Bell, qui cherchait juste à améliorer le télégraphe.

(Pour la définition d'« idée », voir chapitre suivant.)

Confusion entre créativité et innovation, problem-solving et décision, découvrir et inventer, intuition et imagination, etc.

Créativité, intelligence, problem-solving, decision-making, innovation, tout cela forme un embrouillamini conceptuel dans lequel on ne sait plus très bien ce que les mots veulent dire.

Aidons-nous, pour tenter de le démêler, des diagrammes de Venn qui sont des cercles représentant l'ensemble des notions qu'un concept englobe ou exclut, ou ce qu'ils ont de commun (c'est la version géométrique de l'algèbre booléenne utilisée par les moteurs de recherche).

Dans le schéma ci-dessous, on voit que la créativité et la prise de décision (*decision-making*) ont une zone commune : la résolution créative de problème ; que le management comprend la prise de décision et l'innovation (bien qu'elles n'aient pas de point commun) et un peu de créativité ; mais aussi que la créativité ne fait pas partie du même ensemble que l'innovation. Et l'intelligence ? Si c'est la capacité à résoudre des problèmes, elle inclut le problem-solving ; si elle est autre chose, il faut inclure d'autres cercles. Par exemple – ce que nous n'avons pas fait pour ne pas surcharger le schéma –, un cercle « intuition » pour englober la partie de la prise de décision qui est en dehors de la résolution logique de problème, etc.

Le recoupement des concepts

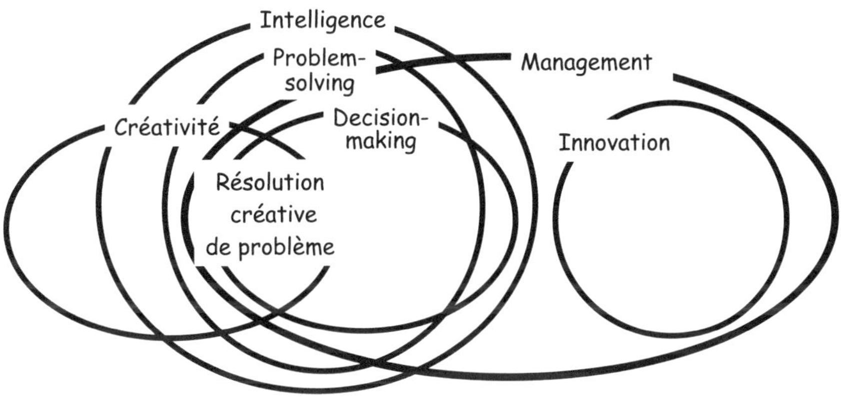

Problem-solving, créativité, intelligence, decision-making, quatre notions très voisines dont les définitions, les contenus méthodologiques, les outils et les procédures se recoupent de façon inextricable, et curieusement n'ont pas de rapport direct avec l'innovation. La résolution créative de problème fait partie de deux univers : la créativité et la prise de décision.

Si maintenant, plutôt que le sens commun (l'intelligence, c'est comprendre ce qui apparaît compliqué), nous retenons une définition plus « finaliste », plus directement opératoire pour une méthodologie (l'intelligence, c'est tout d'abord la capacité à résoudre des problèmes, voir chapitre suivant), nous voyons en effet sur le diagramme que le « *problem-solving* » en est une composante majeure. Pour résoudre des problèmes, il faut générer des solutions. Être intelligent, c'est donc être capable de trouver ces solutions, voire de les inventer. Ce qui est bien *créatif*... bien qu'une part de la créativité n'ait rien à voir avec l'intelligence. Mais ce n'est pas tout : ayant trouvé des solutions, il faut bien choisir entre elles : c'est le domaine du « *decision-making* ». Voilà pourquoi beaucoup associent la prise de décision avec la créativité. Tout cela se passe dans la tête, c'est du domaine du cognitif, de la psychologie, des idées.

Quant à l'innovation, exploitation stratégique et opérationnelle d'une idée gagnante ou d'une invention, elle appartient à un autre domaine de responsabilité dans l'entreprise : celui de l'action collective, et donc de la psycho-sociologie, des rapports entre les hommes, du management (ou du leadership) et finalement, pour que l'idée soit adoptée par un grand nombre, de la psychologie sociale ou de la sociologie. (Pour « innovation », voir également chapitre suivant.)

Une autre confusion, plus fondamentale, vient encore aggraver les choses : celle qui règne entre les grandes fonctions cognitives, découvrir, inventer, imaginer, avoir l'intuition de, créer, etc.

Les fonctions cognitives le plus généralement confondues entre elles sont l'invention et la découverte. Certains n'hésitent d'ailleurs pas à affirmer que c'est la même chose. Pour eux, l'opposition entre les deux termes est purement scolaire et mériterait d'être dépassée. Et d'appeler l'étymologie et le droit à leur secours : on « invente » un trésor. Mais c'est parce que l'invention et la découverte donnent toutes les deux un droit de propriété temporaire (c'est le brevet) ou partiel (dans le cas du trésor). Eh bien non : on *invente* la boussole et on *découvre* le monde. On *invente* la lunette astronomique et on *découvre* des étoiles. On *invente* le microscope et on *découvre* les microbes.

Ce n'est pas que l'invention et la découverte ne se recoupent – parfois. Il est par exemple bien difficile de dire si la perspective aérienne et chromatique a été *découverte* ou bien *inventée* par Léonard de Vinci. Voilà au demeurant un très beau sujet. Léonard *invente* un procédé de représentation qui fait voir, qui fait *découvrir* le flou et le bleuté des lointains dans un paysage (innovation perceptuelle majeure avec la perspective orthogonale). Rappelons au passage qu'il *invente* aussi le *sfumato*, autre révolution du *voir*.

Une chose est certaine : si Christophe Colomb n'avait pas *découvert* l'Amérique en 1492, quelqu'un aurait bien fini par le faire (il n'avait d'ailleurs fait que la *re*découvrir : elle était déjà peuplée d'indigènes qui l'ont accueilli à son arrivée). Il n'a fait qu'accélérer le cours de l'histoire, ou de la géographie, si l'on préfère. Si Marie et Pierre Curie n'avaient pas *découvert*, un peu par hasard et au prix d'un labeur insensé, le polonium et le radium en 1898, quelqu'un aurait bien fini par le faire. Si Albert Einstein n'avait pas *découvert* les lois de la relativité en 1905, quelqu'un aurait fini par le faire. Ils ont été plus chanceux ou plus rapides que les autres.

Il est en revanche tout aussi certain que, si Mozart n'avait pas existé, s'il n'avait pas *inventé* sa musique, elle n'existerait pas. Personne ne l'aurait jamais écrite.

Que se passe-t-il alors quand on cherche une solution ? On peut soit la découvrir, soit l'inventer, soit l'imaginer, soit en avoir l'intuition. Quatre opérations comportementales et/ou cognitives relativement différentes les unes des autres, les trois dernières pouvant comporter une part de création, et le tout pouvant se faire de deux façons : intuitivement, ou laborieusement, par élaboration.

Découvrir, c'est savoir ou connaître, alors que l'on ne savait pas ou que l'on ne connaissait pas. C'est trouver, mettre au jour et faire connaître quelque chose dont l'existence était inconnue, ou la présence insoupçonnée, ou qui était jusque là resté ignoré ou caché (et qui donc existait préalablement). C'est apprendre ce que l'on ne savait pas, mais c'est aussi faire découvrir quelque chose à ceux qui en ignoraient l'existence.

Une découverte, c'est une prime à la rapidité ou à la chance.

Exemples :

- Christophe Colomb découvre le premier l'Amérique (qu'il ne cherchait pas...) ;
- Pasteur découvre le premier le bacille du charbon ;
- Einstein découvre le premier les lois de la relativité ;

Les quatre types de découverte

Ne cherche pas à découvrir (on n'y pensait pas)	III. Le principe du micro-ondes, le procédé du verre flotté par Pilkington, le Teflon par Roy Plunkett, le Kevlar, le Lexan, etc.	IV. Le Viagra, le Scotchgard, l'aspartame, la pénicilline, le F-16 Flying Falcon, etc.
Cherche à découvrir (on y croyait avant). Découverte programmée	I. L'ADN (Franklin, Watson & Crick), la pilule (Pincus), etc.	II. La cimétidime (le Tagamet), la progestérone (Russel Marker), etc.
	Aurait de toute façon été découvert plus tard. Simple prime à l'antériorité. Course	Aurait pu ne jamais être découvert, sinon beaucoup plus tard. Découverte contingente

Comment ? Génie ? Certes, mais aussi recherche *active*. Génial ou pas, qui ne fait rien ne découvre rien.

Distinguons, en croisant deux dimensions :

- les découvertes faites en cherchant et celles faites en ne cherchant pas ou en cherchant tout autre chose, par hasard ;
- les découvertes faites dans des circonstances parfaitement renouvelables et celles faites dans des circonstances uniques, non renouvelables, ou dont les probabilités

qu'elles se renouvellent sont très faibles. On serait passé à côté soit définitivement, soit pour très longtemps.

Nous reprendrons cette matrice quand nous aborderons un processus fondamental de découverte – et d'ailleurs aussi d'invention : la *sérendipité*.

Contrairement à l'invention, où elle est, c'est une évidence, fondamentale, il n'y a aucune participation de l'imagination au processus de découverte.

Inventer, c'est pouvoir, alors que l'on ne pouvait pas. C'est *imaginer* un résultat et se donner, ou donner aux autres le moyen de l'atteindre. C'est trouver la solution concrète, réalisable et duplicable, d'un problème concret. C'est réaliser le premier quelque chose de nouveau. Concevoir, imaginer une machine, une technique, un système réalisables ou qu'il est possible de mettre en œuvre et qui surclassent les procédés précédents.

Les quatre types d'invention

L'inventeur ne cherche pas vraiment à inventer. L'idée (de solution), la combinaison vient inopinément. Il cherchait autre chose ou ne cherchait rien	III. Le verre de sécurité, la moto-neige, le simulateur cardiaque, l'imprimante à jet d'encre, le VTT, le roller, etc.	IV. Le Post-It, la Vespa, le deltaplane, etc.
Il cherche à inventer. Le résultat, l'invention PRÉCÈDE l'idée, le comment. L'inventeur SE pose le problème	I. L'ampoule électrique (le rêve d'Edison), la xérographie, la planche à voile, le Screwpull, etc.	II. Disneyland, le code barres le Segway de Dean Kamen, l'aspirateur sans sac et la machine à laver à double tambour de James Dyson, etc.
	Aurait de toute façon été inventé plus tard. Prime à l'antériorité (être le premier). Chance.	Aurait pu ne jamais être inventé, sinon beaucoup plus tard. Invention contingente. Les circonstances ne se renouvelleront pas

Distinguons quatre sortes d'inventions générées par deux dimensions :

- en cherchant / en ne cherchant pas ou en cherchant tout autre autre chose, par hasard ;
- parfaitement renouvelables / circonstances uniques non renouvelables.

Si la similitude des processus comportementaux et cognitifs – on découvre et on invente en mathématiques, en physique et en chimie très souvent par hasard –, entraîne, pour ceux qui se réfèrent à la créativité scientifique (Henri Poincaré, Jacques Hadamard, Albert Einstein, etc.), une confusion entre découverte et invention, il n'y a aucune confusion possible dans les autres domaines. L'Amérique n'a pas été inventée et la boussole n'a pas été découverte.

Rassemblons sur une seule matrice les types III et IV de découverte et les types III et IV d'invention. On a alors, regroupé sur un seul tableau, tout ce qui a été trouvé – découvert et inventé – *alors qu'on ne le cherchait pas*. C'est le bilan global de la *sérendipité*, concept sur lequel nous allons bientôt revenir.

Les quatre types de sérendipité

INVENTION Ne cherche pas à inventer. L'idée (de solution), la combinaison vient. Il cherchait autre chose et pourtant ça lui vient	La moto-neige le roller, le delta-plane, le VTT, etc.	Le Post-It, la Vespa
DÉCOUVERTE Ne cherche pas à découvrir et pourtant ça lui vient	Le Teflon, la pénicilline, le principe du micro-ondes	Le Viagra L'aspartame et la plupart des édulcorants de synthèse Le F-16 Flying Falcon
	CHANCE A été par chance le premier à trouver. Des fois, simultané. LE PREMIER (par chance)	HASARD CONTINGENT Aurait pu ne jamais être trouvé sinon beaucoup plus tard Sérendipité contingente. Les circonstances ne se renouvelleront pas. LE SEUL (par hasard)

Trouver tout autre chose que ce que l'on cherchait,
en comprendre très rapidement l'importance
et changer d'objet de recherche. L'innovation inattendue.

Imaginer, c'est rêver, visualiser et faire préexister dans sa tête.

C'est aussi anticiper. Mais il n'y a aucun rapport entre l'anticipation d'un roman d'anticipation ou de science-fiction – c'est alors imaginer –, et celle d'un joueur de football qui monte à l'attaque dans un jeu collectif ou d'un gardien de but face à un tir – c'est alors devancer.

Ceux qui n'imaginent rien (les conservateurs du dogme) sentent : ils « intuitent », ou « intuitionnent » s'ils ont lu Descartes, Kant et les autres. Il ne s'agit pas de l'intuition bergsonienne (compréhension immédiate – au sens fort – de quelque chose), ni d'une illumination soudaine (comme chez Henri Poincaré), ni d'une empathie (comme l'« intuition féminine »), mais d'une intuition métapsychologique, surnaturelle, occulte. De quoi ? On ne sait pas trop.

Créer, c'est faire exister réellement ce qui préexistait – poème, tableau, grand monument, entreprise – dans la tête du créateur. Mais faire exister un poème et faire exister une entreprise ne sont pas de même nature.

Que reste-t-il de Léonard de Vinci (1452-1519) ? Une grosse douzaine de tableaux dont la moitié seulement réellement achevés. *Aucun* de ses projets ou de ses esquisses n'a été réalisé (à l'exception, récemment, de la statue équestre de Ludovic le More par les Américains – et c'est une catastrophe). Un des ses nombreux employeurs, Julien de Médicis, s'en plaindra : « Mais cet homme ne sait qu'imaginer, il est incapable de créer ! » Se pose ici un problème : la signication du verbe « exister ». Pour un imaginatif, la préexistence visuelle – l'idée dans sa tête, appuyée s'il le faut par un croquis – est suffisante. Pour lui, *dessiner*, c'est *faire*. Otto van Speckelsen vend à François Mitterand l'*idée* de la Grande Arche, non pas « sur plan » – ce qui est déjà très élaboré – mais sur croquis, un méchant croquis accompagné d'une autre idée en forme de poème : « Une fenêtre ouverte sur un avenir imprévisible » !

« *Une fourmi de 18 mètres... ça n'existe pas* ! », a écrit Desnos. Mais si : il existe des fourmis de vingt mètres sur une autre planète, voyez le film *Starship Troopers*, adaptation ironique de l'œuvre d'un auteur de science-fiction très créatif, quoiqu'ancien militaire, Robert Heinlein.

Et les extra-terrestres ? Les effets spéciaux ont changé le sens du mot « exister » pour les enfants que nous sommes.

Des définitions de la « créativité » sans intérêt et sans exigence

On est frappé par l'extrême embarras de *tous* les dictionnaires, qu'ils soient français (le Dictionnaire de l'Académie, le Trésor de la Langue Française, le Petit Robert, etc.) ou anglais (Webster's, Robert's, American Heritage, etc.) lorsqu'il leur faut définir ce qu'est la « créativité ». Ne prenons que celle donnée par la dernière édition du Petit Robert (celle en CD-Rom) :

> Pouvoir de création d'invention ⇒ inventivité. La créativité des enfants. Techniques de développement de la créativité ⇒ créatique.

Depuis plus de quarante ans, tous les bons auteurs y vont de leur définition de la « créativité ». Après Paul Torrance, qui traite davantage d'une méthodologie de résolution créative de problème, étape par étape, qu'il n'en donne une définition, et Joy Guilford, dont la définition est en fait une analyse des traits psychologiques de l'individu créatif, fluidité, flexibilité et originalité intellectuelle (on dit aujourd'hui « cognitive »), prenons quelques exemples, en commençant par deux des plus récents : un livre résultant d'un projet du Dow Creative Center et intitulé (tout un programme, alléchant...) : *Créer la créativité : 101 définitions que les dictionnaires ne vous ont jamais données* [1], et l'autre écrit par le patron du Center for Creative Learning qui cherche à faire le point sur la question [2].

Les définitions compilées [3] sont de peu d'intérêt et surtout peu motivantes. Même constat pour le livre d'un des gourous français de la créativité, dans le lexique duquel on trouve (nous citons scrupuleusement, avec nos commentaires en italique) :

« Créativité : aptitude à créer (voir ce mot) ».

On va à « créer ». Créer, c'est :

« 1. faire à partir de rien, ce que l'homme ne peut, ajoute le dictionnaire (*lequel ? car le Dictionnaire de l'Académie Française, que l'on peut aujourd'hui, avec Internet, consulter en ligne, est très clair : si, au sens religieux, créer c'est donner l'être, l'existence, tirer du néant, c'est par ailleurs, dans la vie de tous les jours :*

– *fonder, bâtir, établir, inventer ;*
– *faire naître, susciter ;*
– *instituer, donner une existence juridique, légale à*) ;

2. réaliser un assemblage original et efficace à partir d'éléments préexistants. » ;

Et la ligne au-dessous :

« Créativité pratique :

1. ensemble de moyens pédagogiques destinés à libérer et à développer le potentiel créatif des individus et des groupes ;
2. méthodologie de l'invention et de la résolution de problèmes. »

Dans la marge d'un autre livre :

« Processus de mise en œuvre d'un potentiel personnel, au service de la production d'idées neuves, originales et utiles » (*mais que faut-il entendre par « idées », par « neuves », etc. ?*)

---

1. Andrei Aleinikov, Sharon Kackmeister & Ron Koenig, *Creating Creativity : 101 definitions that Webster never told you*, Alden Dow Creativity Center Press, 2000.
2. Donald Treffinger, *Creativity, Creative Thinking, and Critical Thinking. In Search of Definitions*, Center for Creative Learning, 1995.
3. Extraits que l'on trouve dans la partie Encyclopédie de www.intelligence-creative.com.

• Pour un grand cabinet de consultants, à la suite d'une grande enquête :

« La capacité à développer des produits, services et modes de fonctionnement qui soient à la fois uniques, fonctionnels, esthétiques et créateurs de valeur. Aptitude à créer des idées grâce à l'imagination. »

D'un auteur américain :

« La réorganisation de l'expérience vécue en de nouvelles configurations. »

Avec une classification de la créativité en trois grands types :

- l'art, celle qui entraîne une réaction du type « Ah ! » ;
- la découverte, celle qui entraîne une réaction du type « Aha ! » ;
- l'humour, celle qui entraîne une réaction du type « Ha Ha Ha ! ».

Arrêtons là. Si ce n'est pas sérieux, ce n'est même pas drôle.

N'existe-t-il donc aucune définition *intelligente* (et intelligible) ?

Ne désespérons pas, et sans plus attendre donnons-en ici trois, claires et exigeantes :

« *The ability of the mind to form elegant solutions to problems* » (« la capacité de l'esprit à concevoir des solutions élégantes à des problèmes »), Alden Dow Creativity Center.

« *The ability to consistently produce different and valuable results* » (« la capacité à produire de façon permanente des résultats différents et porteurs de valeur »), Lynne Levesque, *Breakthrough Creativity*.

Ou celle, admirablement ramassée, d'Edward de Bono :

« *Unexpected efficiency* » (« de l'efficacité inattendue »).

Une traduction malheureuse de « brainstorming »

Brainstorm signifie soit un accès soudain de folie, soit, non moins soudaine, une idée, qui peut être lumineuse ou démente. Une tempête, si l'on veut, dans le cerveau, au sens psychologique. Mais attention : si *storm* (substantif) signifie tempête, *to storm* veut dire prendre d'assaut, comme dans *The Storming of the Bastille*, ou *U.S. storms Bagdad*. Le *brainstorming* (du verbe *to storm*) était, pour son inventeur (du mot et de la chose) Alex Osborn (dans la lettre et dans l'esprit), une *prise d'assaut*, non pas du cerveau, mais d'un problème (par l'intellect). Une prise d'assaut étant par définition (dans l'esprit logique d'Osborn) collective, *brainstorming* signifie littéralement *attaque concentrée (d'un problème) par plusieurs cerveaux.*

Que la plupart des consultants en créativité aient jugé « ingénieuse » la traduction de brainstorming par « remue-méninges », due à Louis Armand, toujours lui, laisse pour le moins perplexe. Un tel jeu de mots [1], furieusement « créatif », est à la fois un péché contre la lettre et contre l'esprit.

Le refus obstiné, pathologique, du mot et du concept de sérendipité

Trouver tout autre chose que ce que l'on cherchait, en saisir l'intérêt, décider qu'il est supérieur à celui de l'objet originel de la recherche, et changer derechef d'objet : c'est la sérendipité (mot tiré des *Trois Princes de Serendip* par Horace Walpole, 1754), déjà évoquée plus haut.

La sérendipité est reconnue par Henri Piéron dès les années cinquante dans son *Vocabulaire de la Psychologie.* En 2001, ce mot est traduit dans la traduction française du livre de Robinson & Stern, *L'entreprise créative* par une malheureuse périphrase (« les heureuses coïncidences », alors qu'il s'agit le plus souvent de l'exploitation d'un *malheureux* hasard, d'un accident). Négligence d'autant plus grave que ce processus est pour ces deux auteurs un des six processus-*clés* d'innovation.

La créativité française refuse le mot, au prétexte qu'il ne serait pas français – quel purisme soudain ! –, alors que la plupart des découvertes et inventions ont un caractère « sérendipitant » (qu'on nous permette ce participe adjectivé), et que le tiers des prix Nobel sont enfants de la sérendipité.

L'invention du Walkman, un mélange de sérendipité et de bissociation

Mitsura Ida, directeur de département magnétophones de Sony, avait mis au point le Pressman, petit magnétophone conçu pour les journalistes, d'où son nom. Il était monophonique. Ida cherche à l'améliorer et à le rendre stéréo. Impossible à moins de supprimer la fonction enregistrement. Échec. L'idée est abandonnée, mais les ingénieurs de Sony récupèrent les différents prototypes pour écouter de la musique stéréo en sourdine à leur table de travail.

Entre alors en scène Masaru Ibuka, le fondateur de Sony avec Akio Morita et président honoraire actif, qui passait son temps à se balader un peu partout dans l'usine. Il tombe par hasard en arrêt devant le magnétophone qui n'enregistrait pas. « Pourquoi ne pas combiner votre boîte à musique avec les petits écouteurs que vient de mettre au point Yoshiyuki Kamon deux étages plus haut ? Remplacez donc les haut-parleurs par ces écouteurs… »

1. Entériné, de façon incroyable, par *Le Petit Robert.*

L'amalgame abusif et inopérant de la créativité littéraire, artistique et scientifique à la créativité d'entreprise

Pourquoi les penseurs patentés de la « créativité » confondent-ils des explorateurs, des inventeurs, des compositeurs, des physiciens, des écrivains, des peintres – des formes d'intelligence créative qui n'ont rien de commun ?

Robert Dilts, un des gourous de la PLN (programmation neuro-linguistique), associe sans vergogne Mozart et Disney, Aristote et Einstein, Freud et Tesla (un inventeur prodigieux auquel nous devons le courant alternatif, mais qui présentait de graves troubles psychopathologiques de compulsivité obsessionnelle), Léonard de Vinci et Sherlock Holmes (prenant un personnage de *roman* comme exemple de créativité ! [1]).

Les créativités littéraire, artistique et scientifique sont une chose. La créativité opérationnelle en est une autre, et il y a peu de ponts, sinon *aucun*, entre les deux. Et pourtant, la plupart des exemples, sinon tous, sont des exemples empruntés à la musique ou à la science, avec passage constant de l'un à l'autre.

Notons, chez plusieurs gourous en créativité français, la référence constante à Henri Poincaré (le mathématicien) (1854-1912) et Jacques Hadamard (1865-1963) (mathématicien lui aussi, mieux connu aux États-Unis qu'en France, qui correspondait épistolairement avec Albert Einstein, 1879-1955), parce qu'ils ont écrit tous deux des textes fascinants sur l'intuition *mathématique*. Mais quel rapport peut-il bien y avoir entre l'intuition *mathématique* et l'intuition *stratégique* censée être celle des généraux – et des managers ?

Des légendes et des mythes dangereux

Pour édifier leurs « théories » de la créativité, les bons auteurs racontent tous les mêmes belles histoires d'inventions, de découvertes et d'innovations anachroniques soigneusement choisies pour justifier des théories qui ne reposent sur rien.

L'ennui c'est que, si elles sont fausses, il faut tout reprendre à zéro. Nous choisirons deux légendes tenaces, le cri d'Archimède et l'invention de l'hélicoptère par Léonard de Vinci.

1. Ce sont là les titres de quatre de ses livres consacrés aux « stratégies du génie » : *Mozart et Disney, Aristote et Einstein, Freud et Tesla, Da Vinci et Holmes.*

Eurêka !... Mais qu'est-ce qu'il a trouvé au juste, Archimède ?

C'est une histoire joliment kitsch, exemplaire car elle met en évidence ce que nous appellerons « le syndrome de Vitruve » (le célèbre architecte du Ier siècle av. J.-C.), qui consiste à inventer (on invente ce qu'on peut) des solutions fausses à des problèmes connus.

Depuis son invention par Vitruve, elle est donc racontée dans les écoles, reprise par tous les auteurs, notamment Arthur Koestler (dans son *Cri d'Archimède*), et figure dans les encyclopédies. On se souvient du vieil Archimède (287 - 212) dans sa baignoire, de l'eau qui déborde, de son inspiration subite : la découverte du principe qui portera son nom, la loi de la pesanteur spécifique des corps. On se souvient de sa sortie tout nu dans la rue, agitant les bras tout en poussant, en grec, le cri emblématique de la créativité au milieu de passants interloqués. Il va derechef appliquer sa géniale trouvaille au problème que lui a posé le tyran de Syracuse, plonger la couronne douteuse (en or, pas en or ?) dans une bassine d'eau après y avoir immergé un lingot d'or de poids équivalent, et mesurer le volume d'eau déplacé pour confondre le faussaire.

Génial ! Malheureusement, cette histoire est fausse, et la solution, controuvée, inapplicable...

Reprenons.

Hiéro II, tyran de Syracuse (en Sicile) avait donné de l'or pur à un artisan pour qu'il lui en fasse une couronne à offrir à une divinité, comme c'était l'usage. L'homme s'exécute mais – le texte latin n'est pas très clair –, soumise à une pierre de touche, la couronne se révèle n'être pas en or pur : il est mêlé d'argent. Comment connaître précisément la proportion d'or détournée par le faussaire ? Archimède, qui, en réalité, était à l'époque un jeune étudiant grec de vingt-deux ans de retour d'Alexandrie, où il avait suivi les cours d'Euclide, et qui par ailleurs – Plutarque l'atteste – détestait les bains et n'en prenait que contraint et forcé, et sans doute pas dans une baignoire puisque, plus d'une fois, ses amis durent le traîner de force aux bains *publics* (ne chicanons pas Vitruve sur ce fait), le jeune prétentieux Archimède, donc, se fait fort de résoudre le problème, et se met à en chercher la solution. Vainement.

Et puis, un jour, eurêka ! : tout corps plongé dans un fluide subit une poussée verticale égale au poids du fluide déplacé, etc.

Réfléchissons maintenant un peu.

Le poids le plus vraisemblable de la couronne, d'après toutes les couronnes votives similaires que l'on a pu retrouver, était un peu inférieur à 800 grammes. La poids spécifique de l'or est de 19,3. Le lingot d'or équivalent ne mesure pas beaucoup plus que 40 cm^3, soit assez exactement – pour fixer les idées – le volume de trois gommes de bureau qui mesurent chacune à peu près 1 cm × 2 cm × 6 cm.

Supposons que l'artisan orfèvre ait pris beaucoup de risques, en remplaçant carrément un quart de l'or, soit 10 cm^3, pesant 200 g, par de l'argent de densité 10,6. Cela fait 20 cm^3 d'argent et, pour la couronne en or mélangé, un volume de 10 cm^3 supérieur à celui du lingot d'or pur, soit le volume d'une quatrième gomme dont on aurait coupé 1 cm sur la longueur.

Archimède plonge le lingot d'or pur dans un récipent *a priori* circulaire d'un diamètre d'environ 20 cm (il faut bien que la couronne puisse y rentrer) et donc, d'une surface de 314 cm^2.

Mettez les trois gommes dans une casserole de même dimension.

Il emplit la bassine à ras bord.

Remplissez.

Il sort la couronne de l'eau.

Sortez les 3 gommes.

Puis il plonge la couronne (d'un volume supérieur au lingot).

Plongez les *quatre* gommes.

Tout le monde s'attend à ce que l'eau déborde, comme sa prétendue baignoire a débordé quand il s'y est plongé. Mais dans le récipient, l'eau ne monte que de 3/10 de mm (10 cm^3 divisés par 314 cm^2) et la tension superficielle aidant, *aucune* goutte d'eau ne déborde.

Vitruve nous a raconté une blague.

La question qui se pose est alors la suivante : comment Archimède a-t-il *vraiment* fait pour mesurer la fraude avec précision ?

Voici la solution, en effet géniale, qu'il a vraisemblablement trouvée et mise en œuvre : il a pris une balance (romaine, évidemment), a mis sur un plateau la couronne, sur l'autre le même poids d'or pur et il a plongé le tout dans l'eau.

La poussée étant plus forte sur la couronne que sur l'or – elle est égale à la différence de poids des volumes d'eau déplacés, soit 10 grammes – la balance bascule.

On mesure la différence de poids (avec un petit plateau supplémentaire maintenu hors de l'eau, le tout étant taré), et on calcule. ça marche !

Eurêka !...

Mais pas comme on nous l'a fait croire.

Y a t-il, maintenant, d'autres solutions ? Nous y reviendrons...

Le cas Léonard de Vinci, l'archétype populaire du créatif de génie

Retrouvons Léonard, non plus le peintre, mais l'ingénieur. Donné universellement comme le plus grand génie de tous les temps, il se trouve à l'intersection magique des trois univers de l'invention, de l'imagination et de la création. Le bricoleur frénétique est-il aussi génial que le peintre ? Si, nous l'avons dit, *aucun* de ses projets n'a abouti, ce n'est pas faute d'avoir cherché à les vendre, et à se vendre avec eux. Son CV de candidature spontanée, qu'il envoie à Sforza, est un pur chef-d'œuvre : il sait tout faire, il peut tout faire, il a tout inventé, le char d'assaut, le canon sans recul, l'avion, la mitrailleuse, le pont provisoire type armée américaine, les lentilles de contact, l'abattant de w.c., la bicyclette (un canular), le parachute (un parachutiste professionnel a même prouvé il y a quelques années en sautant à 4 000 mètres d'altitude d'un ballon à air chaud avec un parachute en tout point conforme au modèle dessiné par Léonard, qu'il fonctionnait bien en vol, *mais ni au départ, ni à l'arrivée*), etc. La façon dont il gère son image de gourou – maître des maîtres, architecte, savant hors normes, théoricien, philosophe, visionnaire – est exemplaire, jusque dans son auto-portrait en prophète à soixante ans.

Chercheur multicartes, homme à tout faire, c'est un prodigieux anatomiste, qui découvre, entre autres, les sinus de Valsalva (dilatation de l'aorte, qu'on devrait appeler sinus de Léonard) deux bons siècles avant ce dernier, et l'artériosclérose avec quatre cents ans d'avance. Sa fécondité imaginative fascine. Des dizaines de milliers de pages de dessins, d'observations, de réflexions, d'anticipations.

Mais parlons simplement de l'hélicoptère, puisqu'il l'aurait aussi inventé.

Léonard imagine plusieurs idées de solution dont – s'inspirant du vol des oiseaux – celle de l'ornithoptère, un engin mu par la seule force de l'homme et qui bat des ailes, idée dont certains enthousiastes cherchent, selon cette méthode de créativité appelée bionique [1], à démontrer aujourd'hui la validité [2].

---

1. La bionique consiste à s'inspirer des solutions du vivant pour résoudre des problèmes pratiques. Exemples : s'inspirer de la peau de requin pour diminuer la résistance à l'air des avions de ligne ; prendre comme modèle les vols d'oies sauvages pour leur faire traverser l'Atlantique en formation afin d'économiser du kérosène. Pour rester dans le domaine de l'aviation, c'est quand les inventeurs ont cessé de chercher à copier les oiseaux (comme Clément Ader) que les avions ont vraiment volé.

Les deux seuls exemples concrets d'innovation dues à la bionique restent à ce jour celui du fil de fer barbelé (inspiré par les haies d'épineux de l'ouest américain) et celui du Velcro. C'est l'observation au microscope des minuscules crochets de la bardane qui en a donné l'idée en 1948 à George de Mestral (brevet en 1955).

On pourrait aussi citer Paul MacCready dont l'inventivité est relancée par le spectacle du vol plané des albatros et qui réalise alors le premier avion à moteur humain autour d'une aile à très grand allongement, le Gossamer Albatross. Mais le concept n'était pas nouveau du tout : l'Hurel Dubois HD-38 , « le coupe papier volant » et l'avion espion U-2, l'avait déjà utilisé bien avant lui.

Pour terminer sur la bionique, Guenrich Altshuller, le père de la méthode TRIZ, en donne quelques exemples dans son *Et soudain apparut l'inventeur*. Que l'on en juge : couvrir la coque des bateaux de fourrure artificielle, guépard, panthère, suivant le besoin (p. 158) ; un véhicule pour se déplacer sous terre inspiré de la taupe (p. 156) ; etc.

2. Tapez « ornithopter » (en anglais, sans « e ») sur un moteur de recherche.

Un jour, au coin d'une page d'un de ses Codex, il dessine un engin pouvant s'élever grâce à une vis géante qui se tire-bouchonne dans l'air – ce qui ferait de lui, *ipso facto* et pour toujours, l'inventeur de l'hélicoptère.

On ne prête décidément qu'aux riches. Il n'a rien inventé du tout. Il a eu, tout au plus, l'embryon de l'idée d'une idée. Ce n'est pas du tout la même chose.

Non pas parce que le moteur à explosion n'existait pas (c'est un autre problème, et nous parlons ici d'une *vision*, parmi tant d'autres, que la technique d'alors ne pouvait réaliser). Mais parce que cette idée-là n'était pas valide pour deux raisons : 1/ sa vis hélicoïdale ne marche pas (il a fallu attendre la fin du XIXe siècle pour que l'on invente – par hasard, encore – l'hélice à pales) ; 2/ sans la petite roue, l'hélice de queue, son hélicoptère, même avec la technique d'aujourd'hui, ne peut pas décoller : sitôt qu'il quitte le sol, la plate-forme inférieure se met à tourner à toute vitesse dans l'autre sens, fauchant tout sur son passage. C'est si évident qu'on se demande comment il n'y a pas réfléchi, comment il a pu ne pas le voir (même au XVe siècle), lui qui *voyait*. Il ne l'a pas vu. Il est passé à autre chose. Preuve que les meilleurs ont des faiblesses, ce qui les rend humains.

Question : et s'il avait fait, ou fait faire, des maquettes, avec un ressort par exemple, dont il disposait puisqu'on trouve des véhicules à ressort au musée d'Amboise ? Et s'il avait travaillé *en équipe* ? Peut-être l'idée d'un idée serait-elle devenue un idée de solution, réalisable quelques siècles plus tard ?...

L'inventeur solitaire : une conception médiatique fausse de la créativité et de l'innovation

Remarquons que la plupart des génies créatifs pris en exemple par les gourous de la créativité, toujours les mêmes, Newton, Mozart, Einstein, Freud, Picasso, sont des créatifs *solitaires*. Pour une raison simple : ils créent dans les domaines mathématique, musical, littéraire (nous sommes de ceux pour qui Freud, prix Gœthe 1930, est avant tout un grand écrivain), artistique, etc., toutes disciplines où le travail en équipe est rare.

Il en va tout autrement en créativité et en innovation. S'il est vrai que l'on peut encore trouver des inventeurs farfelus et solitaires genre concours Lépine, s'il est vrai que la petite étincelle, *l'idée de l'idée*, ne peut jaillir qu'à la jonction de deux synapses dans la tête d'un seul individu, elle est le plus souvent le résultat d'un échange, et l'entretien de cette petite flamme nécessite le plus souvent les efforts de toute une équipe.

Nous venons de risquer une conjecture à propos de Léonard (inventeur solitaire, en effet, mais hors concours) et de son hélicoptère.

Prenons l'inventeur par excellence, le champion toutes catégories des créateurs d'innovations bien concrètes, Thomas Alva Edison (plus de mille brevets dans sa vie, cent en 1883, sa grande année, deux par semaine !) : il *invente* et *innove* en ce sens qu'il transforme comme personne ses idées en dollars. Il crée les sociétés d'exploitation de ses brevets, en particulier la General Electric, aujourd'hui troisième capitalisation boursière du monde. Même s'il veille jalousement (personne n'est parfait) à ce que seul son nom apparaisse, comme le fera plus tard Walt Disney avec l'équipe de *Blanche-Neige et les Sept Nains*, il est rien moins qu'un solitaire : son secret est qu'il travaille *en équipe* (avec ses fameux « muckers », ses potes).

Plus près de nous, un Roland Moreno, le père de la carte à puce, est souvent cité comme le type même de l'inventeur solitaire. On trouve pour la première fois l'idée d'une espèce de carte de crédit dans un roman d'anticipation, *Cent Ans après ou l'an 2000*, d'Edward Bellamy, publié en France en 1891. L'idée est reprise dans un autre roman d'anticipation, *La nuit des temps*, de René Barjavel (1968). Elle donne à Moreno le choc créatif qui le pousse, à la suite d'une indignation fortuite, à inventer, un lundi matin de 1974, la carte à mémoire – alors qu'il réfléchissait à un porte-monnaie électronique sous forme de bague que l'on porterait au doigt. Le brevet sera ensuite amélioré par Michel Hugon, de Bull CP8. Et il faudra attendre l'invention d'une nouvelle forme d'organisation par Dee Hock, l'organisation « chaordique [1] », pour qu'une idée utopique, puis une invention, devienne, grâce à Visa International et sa diffusion dans le monde entier, une innovation majeure du XXe siècle. Une véritable course de relais dans le temps et dans l'espace…

Si l'idée de l'idée surgit dans une tête, il n'est pas d'innovation qui ne soit le fruit des efforts prolongés de plusieurs, souvent soudés autour d'un leader, d'ailleurs pas nécessairement l'inventeur de départ. Face aux pépins de la réalité, on est loin de l'image d'Épinal de la créativité individuelle.

La reprise sempiternelle de méthodes simplettes, toujours les mêmes, de démarches créatives individuelles

Sous couvert d'acronymes différents pour égarer le public, différentes procédures reprennent peu ou prou toujours les mêmes points : en 1970, Michel Fustier donne,

1. Il s'agit d'un néologisme, un *nouveau* mot, créé pour désigner une *nouvelle* forme d'organisation des réseaux internationaux des grandes banques mondiales à mi-chemin entre le chaos et l'ordre (chaordique), le tout se régulant de lui-même. Ce n'est pas un concept théorique : il a permis le rebond de la carte de crédit dans les années soixante-dix et Visa International traite aujourd'hui 35 milliards de transactions par an. Dee Hock a écrit deux livres sur le sujet : *The Chaordic Organisation* et *Birth of Chaordic Age*. Le concept est très proche, sinon identique, à celui de la « pyramide ronde » que nous présenterons au chapitre 7, étape 7.

dans ses *Exercices Pratiques de Créativité* [1] dont on trouve de larges extraits reproduits un peu partout selon la méthode shadokienne du pomper-coller, une « Méthodologie de la recherche fonctionnelle en cinq points ». Aux États-Unis, John Bransford et Barry Stein innovent en 1984 avec un moyen mnémotechnique de se rappeler les étapes, l'acronyme. Ce sera IDEAL pour Identification (du problème) – Définition (du problème) – Exploration (des stratégies possibles) – Anticipation de l'Action – Learning (apprentissage en fonction des résultats). Les Français suivent. Ce sera PAPSA (pour Perception – Analyse – Production – Sélection – Application) d'Hubert Jaoui (1984), présentée comme « une formule magique qui serait le sésame de la créativité (...), l'apport de la créativité française à la créativité mondiale ayant été d'avoir démontré que la démarche créative ne saurait être limitée ni même concentrée dans la phase centrale de production d'idées, comme le proposeraient la plupart des démarches américaines », IBISA (pour Imprégnation – But – Idées – Sélection – Application) d'Ephata, EDITO (pour Explorer – Disséquer – Inventer – Trier – Organiser) d'Inergie, etc.

Notons une confusion : ces procédures sont données par les uns comme des procédures de résolution de problème et par les autres comme une méthodologie créative.

Pendant ce temps-là, aux États-Unis, le vieux CPS (le Creative Problem Solving) d'Alex Osborn s'améliorait tous les jours pour devenir ce qu'il est aujourd'hui, dans sa dernière version 2001, la version 6.1 [2], un processus *circulaire* récurrent en neuf étapes regroupées, pour des questions de lisibilité, en trois grands groupes et une finalité : la résolution des « *messes* » (les « merdiers »), ce qui fait qu'aujourd'hui il devrait en bonne logique ne plus s'appeler CPS mais CMS (*Creative Mess Storming*) (attaque créative d'un merdier).

Face à la complexification croissante du processus, un consultant américain, Gerald Haman, qui s'est auto-proclamé « The SolutionMan », propose depuis peu le « Diamant créatif » en forme de losange horizontal divisé en *quatre* petits losanges de couleur avec quatre points seulement : *Investigate* (*needs*) (bleu), *Create* (*ideas*) (jaune), *Evaluate* (*solutions*) (vert), *Activate* (*plans*) (rouge), ce qui est un peu schématique mais pas faux et présente l'immense mérite d'être mémorisable et *créatif*.

---

1. Michel Fustier, *Exercices Pratiques de Créativité. Initiation à l'heuristique fonctionnelle*, Éditions SME, 1970. Réédité en 2000 par les Éditions d'Organisation.

2. Elle est au cœur du livre de Scott Isaksen, Brian Dorval & Donald Treffinger, *Résoudre les problèmes par la créativité. La méthode CPS*, Les Éditions d'Organisation, 2003.

Disponible gratuitement sur le site : *www.cpsb.com*.

Un tableau comparatif de cinq démarches concurrentes de résolution créative de problème

	EXERCICES PRATIQUES (Michel Fustier) (1970)	IDEAL (John Bransford & Barry Stein) (1984)	PAPSA (Hubert Jaoui) (1990)	EDITO (Inergie) (2000)	IBISA (Ephata) (2000)
Étape 1	La formulation du problème	Identification du problème	Perception du problème	Explorer	Imprégnation du problème
Étape 2	La définition des fonctions à remplir	Définition du problème	Analyse du problème	Disséquer	But
Étape 3	L'élaboration des idées de solution	Exploration des stratégies possibles	Production des idées (solutions possibles)	Inventer Imaginer	Idées
Étape 4	Le choix de la bonne idée	–	Sélection (en fonction des critères)	Trier	Sélection
Étape 5	La construction de la solution	Anticipation et Action	Appliquer	Organiser	Application
Étape 6		Observer et apprendre (Learning)	–	–	–

Les trois dernières démarches sont très semblables aux deux premières, l'une française datant de 1970 et l'autre américaine. Leur créativité réside dans le choix de l'acronyme et, tout compte fait, IDEAL était assez bien trouvé.

Citons, pour terminer cet inventaire, la Synectics de Jeff Mauzy, méthodologie en neuf points.

Pour conclure, soit moins, soit plus, mais à l'exception de la méthode des six chapeaux de de Bono dont nous allons parler tout de suite, toujours plus ou moins la même chose…

Une exception : la méthode des six chapeaux d'Edward de Bono

Il s'agit de la méthode la plus célèbre de toute celles inventées par Edward de Bono [1]. On la trouve présentée sur une multitude de sites Internet. Si l'on préfère s'adresser au Bon Dieu plutôt qu'à ses saints, on la trouve sous le titre « Les six chapeaux de la réflexion » dans son livre *La boîte à outils de la créativité.*

Il ne s'agit pas à proprement parler d'une méthode mais plutôt d'une démarche, l'application à un problème de cinq attitudes différentes successives, ces cinq attitudes étant symbolisés par cinq chapeaux de couleurs différentes (le sixième est celui du modérateur). Les membres de l'équipe les portent tous ensemble l'un après l'autre à l'exception du dernier, le Bleu, qui est celui du gestionnaire de la réflexion [2] :

- le chapeau Blanc est celui de l'approche analytique des faits ;
- le chapeau Vert est celui de l'innovation, de la créativité ;
- le chapeau Rouge est celui des sentiments, de l'intuition, du ressenti spontané ;
- le chapeau Noir est celui de la critique, de l'évaluation des risques ou des défauts des idées avancées ;
- le chapeau Jaune est celui de l'optimisme, il fait ressortir les bénéfices, les opportunités et les conditions de leur réalisation ou de leur exploitation ;
- le chapeau Bleu, porté par l'animateur, étant, on l'a dit, celui du respect de la méthode, mais aussi de celui, qui suivant le problème, la situation, etc., choisit l'ordre dans lequel on porte les cinq autres chapeaux.

L'idée (fausse) que nous sommes tous créatifs

Que nous soyons tous créatifs, les gourous de la spécialité, on l'a vu, n'ont eu de cesse de nous en persuader. Un peu de développement personnel sous leur conduite experte, et nous allons étonner le monde. Ne trouve-t-on pas, en exergue de l'article sur les six ressorts de la créativité évoqué plus haut, cette affirmation propre à nous redonner foi en nous-mêmes : « Dans tout cadre sommeille une personnalité créative », illustrée par la photo de cinq cadres d'entreprise en complet sombre qui tiennent devant leur visage des masques d'Einstein, de Vinci, Lennon, Chaplin et van Gogh ? Légende : « Pour la réveiller, il existe des méthodes managériales. » Soyons

1. Voir : Edward de Bono, *Six chapeaux pour penser*, InterÉditions, 1987.
2. On trouve sur Internet une profusion de sites présentant cette technique. Citons en deux :
http://www.me.udel.edu/~wilkins/tqd_man/tqd_a4_6hats.html
http://library.usask.ca/ustudy/critical/sixhats.html.

donc créatifs et osons affirmer ici que dans tout artiste sommeille une personnalité administrative. Pour la réveiller, il doit exister des méthodes créatives.

Trêve de plaisanteries. Si l'imagination n'est pas la chose du monde la mieux partagée, elle est une caractéristique de l'humain. S'il ne nous est pas donné de créer, du moins nous pensons, nous rêvons, nous refaisons le monde. Et qui sait, peut-être notre QIC (Quotient d'intelligence créative), qui, comme nous allons le voir, s'évalue comme le QI tout court, est-il supérieur à la moyenne. Mais entre une idée et sa réalisation, en passant par sa validation, il y a du chemin. Et, nécessairement, une (vraie) méthode.

Confusion entre des fonctions et des publics différents

On confond très volontiers créativité *personnelle* et créativité *professionnelle.* La plupart des livres du genre « développez votre créativité » sont des livres de développement *personnel.* Un bon exemple : le livre de Michael Gelb, *Pensez comme Léonard de Vinci. Soyez créatif et imaginatif.* Il faut ajouter : *dans votre vie personnelle.* Aucune allusion, et pour cause, à l'innovation, car la créativité dont il est question ici ne sert pas à innover, mais à s'enrichir affectivement.

On confond aussi souvent les publics : beaucoup de livres sur la créativité sont destinés à des parents pour éveiller l'intelligence de leurs enfants, ou à des éducateurs, ou à des professeurs pour des étudiants.

Les quatre grandes catégories de créativité

Il y a quatre grandes catégories de créativité, définies par deux grandes dimensions :

1. Le type de public auquel elle est destinée. La créativité s'adresse soit à des enfants et des adolescents (ou à leurs parents ou professeurs), soit à des adultes pour eux-mêmes.
2. La fonction qu'elle remplit, ou si l'on veut sa finalité. Elle sert soit à l'expression du moi personnel (créativité artistique), soit à résoudre des problèmes (créativité pratique).

Ce qui nous donne quatre grandes cases :

- une créativité scolaire qui permet l'éveil de l'intelligence et du sens artistique chez l'enfant ;
- une pédagogie de l'inventivité qui permet l'éveil du sens pratique, de l'ingéniosité (c'est la créativité des Castors Juniors du *Journal de Mickey*) ;

- une créativité artistique, expression du moi « adulte » (et il est vrai que là, nous avons *tous* – à moins d'un grave trouble psychiatrique – notre *génie* propre) ;
- une créativité inventive ou résolutive ou intelligente ou efficace ou gagnante, peu importe le mot, qui permet de résoudre des problèmes plus efficacement et plus rapidement.

Il est essentiel de comprendre que ce sont là quatre projets différents, avec des publics, des auteurs, des méthodes, des livres, des séminaires de formation différents.

Que l'on éveille la créativité d'adultes en les faisant régresser au stade de l'enfance – les stages *stratégiques* de Lego [1] – peut s'avérer une bonne chose au plan du développement personnel, si c'est volontaire.

Mais que l'on cherche à résoudre des problèmes techniques, organisationnels ou concurrentiels par des réunions d'expression personnelle est soit une erreur, soit un contresens, soit une charlatanerie.

L'ignorance, voire le refus des moyens actuels d'investigation

À tous ces blocages, on pourrait, pour faire bonne mesure, en ajouter un autre, que nos observations en séminaires nous amènent à juger plus spécifiquement français : l'ignorance de la puissance d'investigation du Net, voire le refus de l'utiliser, quand, en quelques clics, un moteur de recherche peut permettre de trouver ce qui auparavant, au mieux prenait des jours, au pire pouvait rester à jamais inconnu – par exemple une solution déjà trouvée par d'autres, quelque part sur la planète.

Des causes organisationnelles

Si la « créativité » peut difficilement évoluer sur de telles bases pédagogiques, elle souffre d'autres blocages, organisationnels ceux-là, et dont les causes principales sont les suivantes :

- une exclusion méthodique des tempéraments imaginatifs au cours du recrutement, de la sélection et de la promotion interne ;
- une « créativité » le plus souvent cantonnée dans le ghetto des produits de grande consommation, le packaging, la promotion et la publicité ;
- la « créativité » comprise comme espace d'expression.

1. Voir : *www.seriousplay.com*.

Une exclusion méthodique des « gens d'imagination » au profit des « gens d'organisation »

Notre test d'Intelligence Créative de base (combien voyez-vous de façons de diviser un carré en quatre parties égales et superposables ? – voir plus loin) est cruel. Statistiquement, un *quart* des participants à nos séminaires n'en imaginent pas plus de deux ou trois. Proportion encore vérifiée, récemment, au sein d'un auditoire d'une centaine de personnes, des cadres d'entreprise venus assister à une forum sur la créativité et l'innovation. Ces solutions sont celles que donne un enfant à partir de cinq à six ans. Le quart d'une population dont le QI doit être d'au moins 120 présente un Quotient d'Intelligence Créative (QIC) d'enfant de cinq à six ans, environ 50.

Comment l'expliquer ? Selon nous, d'abord par une sur-représentation délibérée des types psychologiques les moins imaginatifs et les moins souples, censés fournir des « hommes (et femmes) de l'organisation », comme les qualifie William Whyte dès les années cinquante, sur-représentation qui est un des principaux obstacles à la créativité et à l'innovation dans les organisations.

Publié en 1956, *L'Homme de l'organisation*, de William Whyte, un des classiques de la sociologie américaine (réédité en 2002), décrit l'entreprise américaine comme un monde de bureaucrates qui font la guerre aux génies (inventifs) en imposant le conformisme. Les tests étaient et restent évidemment une de leurs armes favorites.

Hélas pour Whyte, le test MBTI (pour Myers-Briggs Type Indicator), ne sera lancé qu'en 1976, et le HBDI (pour Herrmann Brain Dominance Instrument) qu'en 1988 [1]. S'il les avait connus, il aurait tenu une explication aux maux de la grande entreprise (américaine ou autre).

Nous retiendrons seulement le MBTI [2]. Malgré de graves défauts (il propose une vision caricaturale de la personnalité : si vous êtes quelque chose, vous l'êtes totalement, sans nuances), c'est le test le plus utilisé au monde et il est l'objet de statistiques régulièrement mises à jour. D'où notre choix.

Vendu comme un inventaire des types de personnalité (il en retient 16), au sens que la psychologie donne à ce mot, le MBTI est en fait un inventaire des types d'attitudes possibles dans la prise de décision face à un problème – une grille de lecture. Pour le

1. Voir : « Putting Your Company's Whole Brain to Work », *Harvard Business Review*, juillet-août 1997. Reprint 97407.

2. Signalons qu'il existe d'autres typologies : les tempéraments de Keirsey (version simplifiée du MBTI), celle de l'Artiste, de l'Artisan et du Technocrate de Patricia Pitcher, l'ennéagramme, etc. Le MBTI est tout simplement la moins méconnue de toutes.

MBTI, la façon d'attaquer un problème s'explique par quatre grands facteurs ou dimensions bi-polaires :

1. la dimension « Introversion-Extraversion » (I, E) : est-on plutôt introverti, réservé ? Ou plutôt extraverti, expansif ?
2. la dimension « Sensing-Intuition » (Intuition dont le symbole est « N », car le « I » est déjà pris par le « I » d'Introversion) mais qu'il vaudrait mieux appeler dimension « Sensation-Imagination » avec un « M » comme symbole pour l'iMagination, car les questions du questionnaires cherchant à évaluer cette dimension indiquent clairement qu'elles cherchent à détecter l'*imagination* des possibilités offertes par une situation, et non l'intuition : se base-t-on sur les données des sens (comme Saint-Thomas) ? Ou bien, plutôt, sur l'imagination des possibilités (« S » ou « N ») ?
3. la dimension « Thinking-Feeling » : choisit-on les solutions sur des critères Théoriques (Thinking T) ? Ou bien sur des facteurs humains (Feeling F) ?
4. la dimension « Jugement-Perception » (J, P) : le choix est-il Jugé une fois pour toute ? Ou bien est-il susceptible d'être remis en cause en fonction de ce que l'on Perçoit de l'évolution de la situation ?

Les seize types sont disposés sur un tableau assez sybillin à quatre entrées, cherchant à représenter quatre dimensions sur un plan, ce qui donne :

La table du MBTI et deux types caractéristiques

ISTJ	ISFJ	INFJ	INTJ
ISTP	ISFP	INFP	INTP
ESTP	ESFP	ENFP	ENTP
ESTJ	ESFJ	ENFJ	ENTJ

Au sein de cette table, deux types que presque tout oppose : les ISTJ, archétypes des gens d'organisation et surreprésentés à ce titre au sein des organisations et les ENTP, archétypes des gens d'imagination, et pas assez représentés au sein de celles-ci.

où d'une part :

- en partant de la gauche les *lignes* 1 et 2 de la moitié supérieure sont celles des Introvertis (I) et les lignes 3 et 4 de la moitié inférieure sont celles des Extravertis (E) ;
- en partant d'en haut, les *colonnes* 1 et 2 de la moitié de gauche sont celles des gens de Sensation (S) et les colonnes 3 et 4 de la moitié de droite sont celles des gens d'Intuition (N) (*d'imagination* plutôt pour nous, rappelons-le), et d'autre part :
- en partant de la droite, les *lignes* 1 et 4 du haut et du bas sont celles des gens de Jugement (J) et les lignes centrales 2 et 3 celles des gens de Perception (P) ;
- en partant du bas, les colonnes 1 et 4 de gauche et de droite sont celles des gens de Pensée (T) et les colonnes centrales 2 et 3 celles des gens de Sentiment (F).

À moins d'une grave erreur psychométrique ou d'un biais culturel important qui invaliderait le test, chaque type devrait représenter plus ou moins 6 %.

La répartition statistique des types du MBTI dans l'entreprise à partir d'un certain niveau de responsabilité

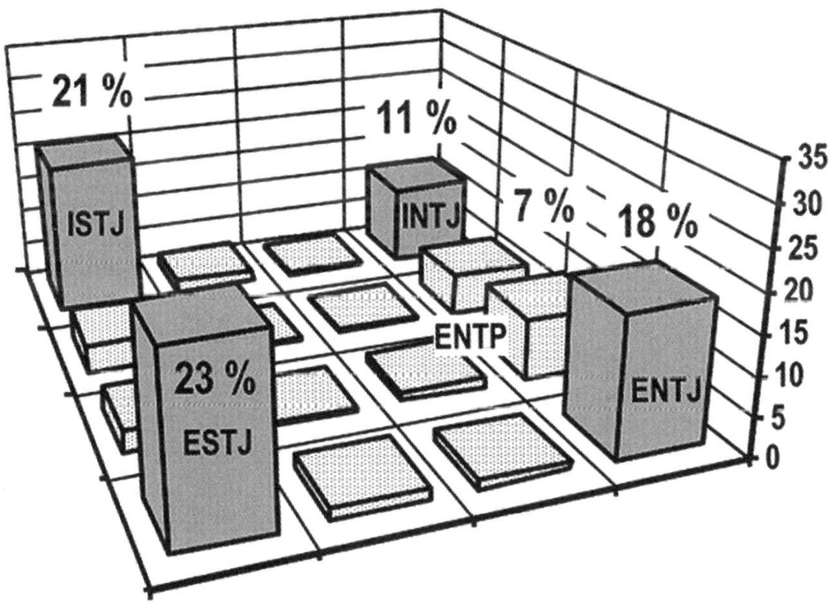

Une évaluation du pourcentage des types psychologiques dans l'entreprise. Les ISTJ et les ESTJ, gens d'organisation typiques, sont surreprésentés, les ENTP gens d'imagination typiques ne sont pas statistiquement assez nombreux.

Or, les chiffres sont là : au recrutement, on trouve 19 % du type dit « ISTJ » (type qui correspond archétypalement à ce que l'on appelle communément des « cerveau gauche ») – trois fois plus que la normale ; ensuite, parmi les cadres moyens, 30 % ; puis, parmi les cadres dirigeants, 32 %, soit 5 fois plus que la moyenne [1] !

Pourquoi ? Parce que l'organisation, dont la finalité est de perdurer, recrute, récompense, coopte et promeut méthodiquement, pour le meilleur et pour le pire, des gens d'organisation, autrement dit des individus qui :

- sont plutôt réservés, donc des « I » (même si pour diriger il faut s'exprimer et donner des ordres, ce qui fait que les E sont tolérés à condition qu'ils ne soient pas trop extravertis) ;
- se basent sur les données des sens, de l'expérience, donc des « S » (en éliminant le plus possible ceux qui imaginent de *multiples* solutions pour faire face à des futurs possibles, ces « N » dont le point fort est l'imagination) ;
- n'utilisent que des critères de choix logiques, rationnels, des T (ceux qui pourraient avoir des critères basés sur des facteurs humains, les F, sont éliminés) ;
- ne reviennent surtout pas sur leurs décisions (J), ce qui élimine tous les P, les deux lignes centrales du tableau et en particulier les ENTP et les INTP de la 4e colonne, ceux qui font preuve d'imagination.

L'entreprise donne des responsabilités de plus en plus grandes à des « ISTJ » (dénommés « administrateurs » par le meilleur livre que nous ayons en France sur le sujet, celui de Pierre Cauvin et Geneviève Cailloux), et éventuellement à des ESTJ (dénommés « organisateurs »), et élimine au départ les ENTP (dénommés « Innovateurs », et type le plus représentatif des gens d'imagination) pour s'apercevoir un peu tard qu'elle en a besoin.

Comment les ISTJ (le type le plus représentatif des gens d'organisation) réagissent-ils face à un problème ?

- « I », Introvertis, ils ont tendance à ne pas en parler autour d'eux, à l'évacuer et même à le nier ;
- « S », gens du factuel, ils se basent sur des données chiffrées, sur des réalités qui ne peuvent être que celles du passé ;

---

1. Otto Kroeger, Janet Thuesen & Hile Rutledge, *Types Talk At Work. How the 16 Personality Types Determine Your Success On the Job*, Dell Publishing, 2002.

On y trouve en appendice, des statistiques sur le pourcentage des différents types de personnalité du MBTI dans l'entreprise et sur la dynamique de ce pourcentage quand on s'élève dans la hiérarchie.

- « T », gens de pensée, leurs critères de choix sont logiques, sans état d'âme et plus ils le sont, mieux ça vaut, car, ils en sont convaincus, on ne fait pas de grandes choses avec de bons sentiments ;
- « J », gens de jugement, ils pensent que les décisions doivent être appliquées quoi qu'il advienne et à fortiori quand elle sont basées, comme les leurs, sur des faits, et prises en fonction des règles de la logique.

Quelques exemples d'hommes d'organisation

Archétypique, Henry Ford (1863-1947), qui après avoir inventé le fordisme avec Frederick Taylor (1856-1915) (une seule idée, baisser les prix) et ne voulant pas en démordre, se fait battre en quatre ans dans les années vingt par Alfred Sloan (1875-1966) (plutôt ENTP), l'inventeur de la segmentation des marchés.

John Rockefeller (1839-1937), le fondateur de la Standard Oil devenu Esso puis Exxon, qui a inspiré à Walt Disney le personnage de John Rockerbuck, Picsou en français.

Georges Besse (1927-1986), succédant à Bernard Hanon à la tête de la Régie Renault pour redresser une entreprise que les paris et les innovations de ce dernier laissaient exsangue, chose qu'il fit sans état d'âme. Il fut hélas choisi par ses assassins pour sa ponctualité rigoureuse.

Jean Todt, alexithymique (souffrant d'une difficulté à exprimer des émotions), et dont les psychosomatisations dans les jours qui précèdent un Grand Prix de Formule 1 (eczéma, insomnies, onychophagie, etc.) sont célébres et avouées, mais qui a mené Ferrari, avec l'appui total d'un homme d'imagination, son président, Luca di Montezcmolo, à être cinq fois champion du monde.

Michacl Dcll, l'homme d'une idée, qu'il a exploitée à fond sans état d'âme.

Des exemples d'hommes d'imagination

Un type caricatural : Léonard de Vinci, avec toutes les qualités de l'ENTP – et tous ses défauts car il l'était totalement.

Presque aussi caricatural : Albert Einstein, qui se fait photographier faisant du vélo et tire la langue au photographe.

Walt Disney (1901-1966), homme d'imagination, innovateur et inventeur, et aussi homme d'organisation comme Thomas Edison.

Sir Richard Branson (né en 1950), le fondateur du Virgin Group (Virgin Megastores, Virgin Atlantic, Virgin Express, Virgin Train, Virgin Radio, Virgin Drinks, etc.).

Le charismatique Herb Kelleher (né en 1931) [1], l'inventeur du modèle low-cost de compagnie aérienne, fondateur en 1971 de Southwest Airlines devenue aujourd'hui la cinquième compagnie aérienne des États-Unis, qui se déguise en steward pour offrir des cacahuètes à ses passagers et roule en Harley-Davidson, avec ce côté Peter Pan caractéristique des ENTP.

Jacques Maillot, le fondateur de Nouvelles Frontières (qui, perpétuel adolescent, se déplace en scooter, un petit Piaggio de 49 cm^3 car il a toujours refusé de passer son permis de conduire).

Jeff Hawkins, l'inventeur du Palm et d'un nouvel alphabet : Graffiti.

Paul MacCready, le fondateur d'AeroVironment, qui a conçu les avions les plus intelligents et les plus fous de ces dernières décades, le premier avion à moteur humain, le premier avion à énergie solaire, etc.

Opposition et complémentarité des gens d'organisation et des gens d'imagination...

On peut, de façon tout à fait caricaturale mais parlante, dresser le tableau ci-contre montrant au plan des qualités *objectives*, des défauts subjectifs aux yeux du type opposé et des traits de comportements ceux des uns et ceux des autres.

... et complémentarité

Alors que tout les oppose, ces deux types de tempérament sont complémentaires et leur association est à la base de grandes réussites, de grandes innovations, ce qui nous amène à poser comme équation de base :

Innovation = imagination × organisation.

Un homme (une femme) d'imagination n'est rien sans un homme (une femme) d'organisation et réciproquement. Une idée n'est rien sans une organisation qui la réalise et la commercialise, et une organisation n'est rien sans au moins une idée à réaliser et à commercialiser...

Il s'agit d'une *multiplication* des compétences (pour laquelle nous n'avons pas de mot) et non d'une addition de celles-ci (pour laquelle nous avons le mot « synergie » dont le sens est toujours donné par la formule 1 + 1 = 3).

1. Voir : Kevin et Jackie Freiberg, *Nuts ! Southwest Airlines' Crazy Recipe for Business and Personal Success*, Broadway Books, 1998, et : Jody Hoffer Gittel, *The Southwest Airlines Way*, McGraw-Hill, 2002.

Opposition des gens d'organisation et des gens d'imagination

	Gens d'organisation	**Gens d'imagination**
Principales qualités (objectives)	Ordre, conscience professionnelle	D'autres idées que les idées conventionnelles
Principaux défauts aux yeux du style opposé (subjectifs et pathologiques à leurs yeux)	Manque d'imagination, Rigidité	Brouillons, pas logiques, passent d'une idée à l'autre
Attitude générale face à un problème	S'en débarrasser le plus vite possible par le premier moyen qui vient à l'esprit	Chercher toutes les solutions possibles
Imagination	Une idée de base et une seule	Des idées de base et des variantes
Décision	Ne jamais revenir sur une décision	Prendre la décision le plus tard possible afin de pouvoir l'adapter à la spécificité de la situation et revenir sur celle-ci si la situation l'exige.
Organisation du travail et de la pensée	Une chose à la fois	Plusieurs choses à la fois
Rôle dans une stratégie duale	Exploitation et amélioration	Exploration
Raisonnement type	Logique	Intuitif
Culture générale	Faible	Forte
Curiosité	Faible	Forte

Nous donnons sur le tableau de la page suivante, quelques exemples de gens d'imagination et de gens d'organisation en notant que les apparences sont parfois trompeuses : des gens d'imagination introvertis peuvent être pris pour des gens d'organisation et des gens d'organisation extravertis pour des gens d'imagination. C'est typique dans le cas de Sony où Akio Morita était l'organisateur extraverti et médiatique, et « l'autre », Masatu Ibuka, co-fondateur, président, inventeur discret du transistor et du walkman, était l'homme d'imagination introverti.

Notons que les « hommes » d'organisation sont souvent des femmes (Meg Whitman chez e-Bay, Donna Dubinsky chez Palm, Brownie Wise, au sens de l'organisation légendaire, à l'origine de la réussite de Tupperware).

Schématisons : pour être « créative », innovante, inventive, une organisation, une entreprise devrait comporter beaucoup plus de gens d'imagination en général et d'ENTP en particulier. Ils sont parfois difficiles à gérer, mais tant qu'on n'a pas résolu ce problème, on se condamne au manque d'idées.

Exemples de la complémentarité de gens d'organisation et de gens d'imagination

	Gens d'organisation	Gens d'imagination
Club Med	Gilbert Trigano	Gérard Blitz
Microsoft	Steve Balmer	Bill Gates
Nike	Phil Knight	Bill Bowerman
Hewlett-Pachard	Dave Packard	Bill Hewlett (la calcultrice de poche HP-35)
eBay	Jeff Skol puis Meg Whitman	Pierre et Pam Omidyar
Sony	Akio Morita	Masaru Ibuka (le poste-radio à transistor, le walkman)
Tupperware	Brownie Wise (organisatrice du réseau)	Earl Tupper (chimiste)
Palm Computing	Donna Dubinsky	Jeff Hawkins
L'Espace (Renault)	Jean-Luc Lagardère	Philippe Guédon, Bernard Hanon
Le BMX (la discipline olympique)	Ron Mackler, qui organise la première course	Scot Breithaupt (13 ans)
Harley-Davidson	Rich Teerlink	Willi Davidson
Apple	Steve Jobs (ambivalent)	Steve Wozniak
Intel	Andy Grove	Gordon Moore & Robert Noyce
Amazon.com	Jeff Wilke (ex-Accenture, Six Sigma)	Jeff Bezos
Accor	Gérard Pélisson	Paul Dubrule
Nouvelles Frontières	Lucien Meudec	Jacques Maillot

Quel est votre type de personnalité face à une situation ? Réagissez-vous en homme (ou femme) d'organisation ou d'imagination ?

Le MBTI comporte une petite centaine de questions. On les trouve, dans une version un peu ancienne, mais en français, sur le site d'Olivier Testa (*http://olivier.testa.free.fr/mbti*). Vous répondez et il vous donne en ligne votre type avec une courte description. Autre site de description de votre type (en anglais) : *http://www.personalitypage.com/portraits.html.*

Le MBTI en quatre questions

Une solution astucieuse consiste à utiliser une version due à Paul Trieger et Barbara Barron-Tieger, un couple de psychologues qui ont écrit plusieurs livres sur le MBTI et qui en donnent sur leur site [1] une version en quatre questions (ou plutôt quatre groupes de neuf couples de propositions entre lesquelles il faut choisir.).

1. Êtes-vous plutôt « I » (Introverti) ou plutôt « E » (Extraverti) ?

Les « I » en général :	**Les « E » en général :**
Font preuve d'une calme énergie	Sont très dynamiques
Écoutent plus qu'ils ne parlent	Parlent plus qu'ils n'écoutent
Réfléchissent posément	Pensent tout haut
Pensent, puis agissent	Agissent, puis pensent
Se sentent bien quand ils sont seuls	Aiment être en société
Sont considérés comme plutôt secrets et réservés	Sont faciles à comprendre
Possèdent une bonne capacité de concentration	
Préfèrent se concentrer sur une seule chose à la fois	Peuvent facilement être distraits
	Préfèrent faire plusieurs choses à la fois
Sont indépendants, peu communicatifs	Sont expansifs et enthousiastes
I : .... / 9	**E : .... / 9**

2. Êtes-vous plutôt « S » (« Sensoriel ») ou plutôt « N » (« iNtuitif ») ?

Les « S » en général :	**Les « N » en général :**
Se concentrent sur les faits et les détails précis	S'intéressent aux idées et aux grandes synthèses
Apprécient les solutions pratiques	Remarquent tout ce qui est nouveau et différent
Notent les détails et ont la mémoire des faits	Pensent aux implications futures
Vivent dans l'instant présent	Suivent leur instinct
Font confiance à l'expérience	Aiment apprendre de nouvelles compétences
Préfèrent se fier aux compétences reconnues	Cherchent à comprendre
Préfèrent les instructions étapes par étapes	Débordent d'énergie
Travaillent à un rythme régulier	Sont imaginatifs : voient ce qui *pourrait* se faire
Sont réalistes	Sont attirés par les idées originales
S : .... /9	**N : .... / 9**

1. www.personality.com.

3. Êtes-vous plutôt « T » (Thinking, logique) ou plutôt « F » (aFFectif) ?

Les « T » en général :	Les « F » en général :
S'efforcent d'être objectifs dans leurs décisions Apparaissent calmes et réservés Apprécient la loyauté et la justice Dominent leur amour-propre Repèrent bien les failles et les défauts Adorent discuter pour le plaisir Sont motivés par la réalisation de ce qu'ils entreprennent Sont sensibles à la logique Sont honnêtes et directs	Fondent leurs décisions sur leurs valeurs et leurs sentiments Font confiance à leurs impressions Cherchent l'harmonie et s'efforcent à la compassion Ont tendance à se vexer Font preuve de tact et ne ménagent pas les compliments aux autres Y sont très sensibles eux-mêmes Sont diplomates, évitent la discussion et le conflit Sont chaleureux et amicaux
T : .... / 9	**F : ..../ 9**

4. Êtes-vous plutôt « J » (« Juge ») ou plutôt « P » (oPPortuniste) ?

Les « J » en général :	Les « P » en général :
Aiment prendre des décisions Ont l'esprit de sérieux Suivent leur calendrier et sont parfaitement ponctuels Vont au bout de leurs projets Travaillent d'abord, s'amusent après Veulent des décisions Ne discutent pas les règles Font des plans et les suivent Ont besoin d'un programme de travail bien établi Sont conformistes	Remettent les décisions à plus tard chaque fois que c'est possible N'ont ni heure ni délais Préfèrent démarrer des projets que les mener au bout S'amusent d'abord et travaillent après Rechignent à s'engager Discutent les règles Détestent les programmes rigides Rejettent spontanément les contraintes Sont joueurs Sont non conformistes
J : ...... / 9	**P : 9**

Notez dans l'ordre, les quatre lettres qui correspondent aux quatre colonnes dans lesquelles vous vous retrouvez le mieux.

Vous aurez, par exemple, le profil ISTJ, ou ENTP. C'est votre type psychologique. Et chaque type psychologique a une attitude différente face à l'innovation. Pour ne prendre que ces deux types (les plus contrastés), l'ISTJ la rejette et l'ENTP la recherche.

Pour comprendre en détail la signification de chacun des 16 sigles du tableau, ce qui dépasse le propos de ce livre, visitez l'un des nombreux sites consacrés au MBTI sur le web. Vous trouverez même des sites dédiés à certains des types les plus caractéristiques (tapez directement votre type « ISTJ », « ESTJ », « ENTP », etc. sur Google).

Une créativité cantonnée dans le ghetto des produits de grande consommation, le packaging, la promotion et la publicité

Les « créatifs » des agences de communication (les seuls à porter ce titre) détiendraient-ils un monopole sur le mot ?

Pourquoi ne parle-t-on pas de *créativité* dans les innovations organisationnelles, le management matriciel, le yield-management, la vente aux enchères sur Internet, l'organisation « chaordique » de Visa International, les business-models comme ceux de Nike ou de Dell ou celui, industriel, de la Smart, etc. ?

Et dans les services ? Les villages de vacances, les parcs à thèmes, les cybercafés, etc. ?

Petit exercice : continuez la liste.

La « créativité » comprise davantage comme un espace de liberté permettant à chacun de se défouler que comme moyen d'être innovant

En postulant qu'être créatif, c'est pouvoir libérer les idées que l'on a en soi, le remue-méninges est un dévoiement de ce que devrait être la créativité professionnelle en expression ludique personnelle.

De cet aimable défouloir, un dessin de Chimulus (voir page suivante) à la une du dossier spécial Créativité de *Business Digest*, n° 106, mars 2001, dit tout : un espace de liberté où – pendant un court laps de temps – on est encouragé à dire n'importe quoi.

Caricature ? À côté du remue-méninges, n'y a-t-il pas le brainstorming sérieux, « commando », respectant les principes et les règles d'Alex Osborn, son créatif inventeur ?

Hélas, dès 1967, Pierre Goguelin, professeur titulaire de la Chaire de psychologie du travail du Conservatoire national des arts et métiers (CNAM) et fondateur de l'AIPTLF (Association Internationale de Psychologie du Travail de Langue Française), démontait dans son livre *Problémation* [1] les tragiques limitations du meilleur brainstorming du monde dans un tableau comparatif l'opposant à ce qu'il appelait la « réunion-discussion » qu'il préconisait et que nous préférons appeler « réunion intelligente de résolution de problème », dans le cadre d'un management participatif.

---

1. Pierre Goguelin, « Brainstorming et réunion-discussion », dans : *La problémation* (tome II de : P.-R. Bize, P. Goguelin & R. Carpentier, *Le penser efficace*) Sedes, 1967, p. 350-351.

La créativité « remue-méninges » vue par Chimulus

Remarquons qu'avec la « réunion-discussion » régulière intégrée au processus de décision des personnes impliquées dans la mise-en-œuvre, on se rapproche de la méthode du challenge-storming exposée plus loin.

La prise de conscience de l'extraordinaire décalage que ces blocages entraînent entre des enjeux reconnus comme vitaux et les voies et moyens proposés est à l'évidence un préalable au développement de la « créativité ».

Mais, pour que celle-ci devienne véritablement opérationnelle, il reste un certain nombre d'étapes à franchir, et, pour commencer, encore quelques définitions fondamentales à creuser pour savoir de quoi on parle.

Les 15 points de différences entre un brainstorming osbornien et une réunion intelligente de résolution de problème [1]

	Brainstorming osbornien	**Réunion intelligente de résolution de problème**
1. Information préalable	Aucune ou très peu	Oui, en général. Sinon, c'est un défaut de préparation
2. Le problème	Sujet simple, parfaitement délimité	Sujet complexe
3. Sujet	Nom de marque, événement promotionnel	Problèmes client, problèmes stratégiques, développement
4. Enjeux	Pas de but commun	Problème commun, un système de valeurs
5. Méthode	Association libre d'idées sans critique	Une méthodologie relativement contraignante
6. Productivité	Une idée émise est enregistrée et l'on passe à la suivante. 100 idées en 30 minutes environ, dont 10 % seulement éventuellement intéressantes	Chaque idée est débattue. Ou quelques-unes seulement. Souvent pas d'idée de solution du tout.
7. Implication de chacun dans ses idées	Nulle	Il la défend
8. Sérieux des idées	Aucune censure	Les idées farfelues sont refoulées avant d'être exprimées (gros défaut et seule imperfection).
9. Compétence technique des participants	Trois-quarts d'entre eux doivent l'être. Un quart des participants – totalement incompétents par rapport au problème à résoudre, choisis pour leur intelligence. Un quota de 40 % de femmes	Oui, en général. Choisis pour cela
10. Niveau de maturité des solutions	Des idées seulement, qui restent au stade de l'idée	Solution complexe et plan de mise en œuvre
11. Jugement sur les solutions	Aucun au cours du brainstorming, par définition. Fait ensuite par d'autres	Jugement de valeur fait simultanément ou ensuite par les membres du groupe

1. Ce que Goguelin appelait « réunion-discussion ».

	Brainstorming osbornien	**Réunion intelligente de résolution de problème**
12. Propriété morale ou psychologique de l'idée	Aucune. Paradoxalement, travail très collectif. Création collective d'idées (et non de solutions).	Celui qui l'a émise en premier (pour le meilleur et pour le pire)
13. Nombre de participants	Jusqu'à 15-20, et plus encore (jusqu'à 100) avec la méthode Philips 66	Entre 6 et 10 participants
14. Implication pour la mise en œuvre	Aucune. Irresponsabilité totale	Si c'est une équipe, totale. Responsabilité collective
15. Périodicité	Exceptionnelle. En cas de crise	Intégrée au processus de décision

Chapitre 3

Comment démarrer (par de bonnes définitions)

Pour chasser la confusion mentale dénoncée plus haut, il nous faut mieux cerner les concepts clés du raisonnement et de la méthodologie, dans un domaine où nous avons essayé de montrer que le flou règne comme s'il était organisé par ses experts mêmes.

À quoi sert de définir l'intelligence comme capacité « à résoudre des problèmes », ou « à trouver des solutions », si on ne sait pas au juste ce qu'est un problème, ni ce qu'est une solution ?

À quoi nous avance la pseudo-définition courante de la créativité comme « capacité à avoir des idées » si, comme nous l'avons aperçu plus haut, on ne sait pas ce que c'est qu'une idée ?

La « créativité » étant la source de l'innovation, qu'est-ce qu'une innovation ?

Celle-ci ne s'inscrit-elle pas censément dans le cadre d'une stratégie ?

Du problème au challenge

Qu'est-ce qu'un problème[1] *?*

Obstacle à l'origine (pour les dictionnaires de grec, c'est le cap, cette langue de terre que le marin de l'Antiquité, ne sachant naviguer qu'en longeant les côtes, devait contourner, sans boussole ni gouvernail d'étambot et en évitant les hauts-fonds), c'est devenu le terme générique désignant toute difficulté et, par extension, tout ce qui est perçu comme une préoccupation, un souci.

Prononcé à toute occasion (essayez donc de passer une journée sans l'employer une seule fois, comptez les occurrences dans tout débat), le mot « problème » est en soi un paradoxe existentiel, obsession et exorcisme à la fois, face à une réalité (objective et/ou subjective, intériorisée) vouée, le plus souvent, au mieux à la procrastination (on remet à plus tard le plus longtemps possible), au pire au déni.

1. Notre propos est psychosociologique (résolution en équipe), et nous ne traitons évidemment pas ici de l'aspect spécifiquement *technique* du processus de résolution de problèmes, scientifiques ou autres.

Que les problèmes soient faits pour être évacués, nul ne l'a peut-être exprimé avec autant de lucidité que cet homme politique qui disait : « Il n'est aucun problème qu'une absence de solution ne puisse résoudre », sinon la devise des Shadok : « S'il n'y a pas de solution, c'est qu'il n'y pas de problème. »

Qu'on se rassure : il existe une version optimiste, la lucidité en moins, de ce déni du problème. C'est le poncif asséné par le manager dynamique à ses subordonnés : « Il n'y a pas de problèmes, il n'y a que des solutions ! » alors que, comme chacun sait, dans la vie il n'y pas de solutions, il n'y a que des forces en marche, et les solutions suivent.

Comment en sortir ?

Si agir, c'est toujours, peu ou prou, apporter, mettre en œuvre, une réponse adéquate, au moins rationnelle (sinon créative), à un problème donné, il faut bien, à un moment (il n'est jamais trop tôt pour bien faire), regarder la réalité en face, tel le stratège, qui pose d'abord à son camp les deux bonnes questions : « Quel est, et où est, le vrai problème ? »

De la question « Quel est le problème ? » à la question « Où est le problème ? »

Questions cruciales, mais difficiles, au demeurant, car le mot recouvre, dans l'acception courante, tout à la fois :

- d'une part, la *situation* qui fait problème, psychologiquement – alors qu'une situation n'est pas insatisfaisante ou difficile en soi (bien qu'en anglais « situation » signifie problème...). Elle ne l'est que par rapport à ce que à ce que l'on considère comme normal ou que l'on veut faire (une montagne ne pose un problème qu'à celui qui veut l'escalader ou la franchir).
  La question est ici : « Quel est le problème ? » ;
- d'autre part, ce qui fait qu'elle fait problème, avec de nouveau deux acceptions :
  - soit sa cause, son origine ;
  - soit l'obstacle ou la difficulté qui empêche de faire ce que l'on veut faire comme on veut le faire, de progresser dans la poursuite d'un but, d'un objectif (but précis pour le Petit Robert), ou dans l'exécution d'une tâche (retard, complication, réticence, incompréhension, volonté adverse, situation nouvelle ou ancienne mais devenant insupportable) ; une difficulté à faire quelque chose que l'on aimerait faire ou que l'on doit faire (manque de moyens, de connaissances, d'appuis, etc.) ; un écart, au présent, entre ce qui est et ce qui devrait être, au futur, entre ce qui sera si l'on ne fait rien et ce que l'on veut que ce soit.

  Et la question devient alors : « *Où* est le problème ? »).

Prenons un exemple célèbre, celui de la mission d'Apollo 13 et du fameux : « Houston, nous avons un problème ». Quel était le problème ? La situation anormale due à l'explosion d'un des deux réservoirs d'oxygène liquide. Quelle en était la cause (pour les techniciens) ? On la trouvera deux mois plus tard. Mais où était le problème (pour l'équipage) ? Le taux de gaz carbonique augmente dans la cabine, ce qui va les empêcher de continuer la mission, c'est-à-dire d'aller sur la Lune comme il était prévu de – comme on *voulait* – le faire.

Soit le fameux « problème » dit « des deux cordes » sur lequel nous reviendrons. Dans une grande salle, un homme doit, sans aide extérieure et sans moyens supplémentaires, nouer ensemble deux cordes fixées trop loin l'une de l'autre. Elles sont assez longues pour traîner par terre (impossible d'en lancer une pour la faire revenir, le frottement au sol l'en empêche).

Le problème des deux cordes

L'homme doit nouer ensemble les deux cordes. Où est le problème ?
Et que lui conseillez-vous de faire ?

Les deux cordes ne constituent pas un problème en soi. Cela n'en devient un que lorsque l'on a pour objectif de les nouer ensemble. Sans objectif difficile à atteindre, pas de problème, le problème n'étant pas, on l'a vu, la situation, mais ce qui rend l'objectif difficile ou à première vue impossible à atteindre ou à réaliser. Mais alors *où* est ici le problème à résoudre ? Dans le fait qu'elles sont trop loin l'une de l'autre ? Dans le fait qu'elles sont trop courtes ? Ou que l'une seulement des deux est trop courte ? Qu'est-ce qui empêche notre homme de nouer ces deux cordes ? Le problème est dans l'obstacle (à sa volonté).

Prenons maintenant l'exemple d'une entreprise en difficulté.

Quel est le problème ? Un problème d'échéance, par exemple. La solution pour modifier la situation est toute simple : une facilité de trésorerie. Simple, mais pas nécessairement facile, parce que les banques sont réticentes, etc.

Mais *où* est le problème, sa source ou sa cause principale, le vrai problème à résoudre ? Interne ou externe ? Dans la dégradation des marges ? Dans la désaffection des clients ? Etc.

Ce qui nous amène à dire qu'un problème bien posé, bien formulé (première étape, fondamentale, de sa résolution), serait, dans le cadre d'une organisation telle que l'entreprise et de son développement, celui dont la formulation identifierait correctement (et nous verrons que c'est très difficile et par moments quasiment impossible) :

- si le problème est interne (ce qui empêche d'atteindre le but) ou externe (ce qui empêche les clients d'atteindre *facilement* leurs buts) ;
- corollairement, *qui* pose ou vit le problème (son « propriétaire »). Un problème à résoudre ne vaut que pour quelqu'un, ou, s'il est partagé, que pour quelques-uns, le ou les propriétaires du problème concerné(s) par sa résolution – la meilleure façon, rappelons-le en passant, pour une entreprise, de résoudre ses problèmes, étant de résoudre ceux de ses clients. S'ils sont peu nombreux (business to business), cela s'appelle une solution-client. S'ils sont nombreux, une invention ou une innovation ;
- l'objectif, écart entre une situation présente ou future jugée insatisfaisante par le propriétaire du problème et ce qui lui donnera satisfaction ;
- ce qui l'empêche de réduire cet écart et donc de modifier la situation ou rend difficile ou impossible cette modification ;
- les contraintes qui l'empêchent d'employer n'importe quel moyen.

Résumons. Un problème est :

- soit une situation *insatisfaisante* (quel est le problème ?) ;
- soit l'obstacle ou la difficulté qui empêchent de la rendre *satisfaisante* (où est le problème… du problème ?).

Le fait même que nous associons la notion de problème à celle d'insatisfaction indique sa forte composante psychologique.

Qu'est-ce qu'un défi ?

Un *défi* est une situation qui présente des dangers, des menaces, des risques, des inconvénients et qui oblige à trouver un moyen de s'en sortir (soit une solution, soit un sacrifice).

Le meilleur exemple que l'on puisse donner d'un *défi* est celui d'entreprises en difficulté à un moment de leur histoire, pour des causes évidemment très diverses, comme Alstom, Bull, Eurotunnel, Fiat, Rhodia, Walt Disney, etc., et qui, si elles ne trouvent pas de solution(s) au prix de lourds sacrifices, comme Vivendi, disparaîtront comme ont disparu American Airlines, Arthur Andersen, Moulinex, etc.

Le propre du défi, c'est qu'il est bien réel. Et qu'à moins d'incompétence ou d'aveuglement (ou les deux comme dans le cas du Titanic), ou de mauvaise foi, il est relativement facile pour un dirigeant de faire partager les enjeux de la situation par tous. Paul Watzlawick a bien montré combien la conscience des menaces, du danger, peuvent rendre intelligent [1].

Qu'est-ce qu'une opportunité ?

Il existe deux autres catégories de problèmes dont les natures optimistes vous diront qu'ils n'en sont pas vraiment, puisqu'ils sont, pour les premiers, des chances, et, pour les seconds, des manifestations de la volonté : les opportunités et les challenges.

Circonstance imprévue, voire inespérée, mais éphémère, offrant inopinément la possibilité de faire ce que l'on voulait faire, l'opportunité (mot franglais dans cette acception) n'appelle pas de longs commentaires, sinon qu'elle présente l'inconvénient de forcer à (se) décider sans attendre pour en profiter (c'est maintenant ou jamais) et ce en dépit d'éventuels risques – situation pénible pour beaucoup…

Qu'est-ce qu'un challenge ?

Nous appellerons *challenge* (très beau mot français emprunté par l'anglais) un défi que l'on se lance à soi-même (tout seul ou en groupe, le challenge proposé par un leader étant accepté collectivement). Le challenge n'est un problème (potentiel, virtuel, prospectif, anticipé) que pour ceux qui *imaginent* que la réalité pourrait être autre que ce qu'elle est, qui entendent la changer malgré les difficultés prévisibles. Un challenge n'est pas une situation menaçante, c'est une ambition. Un *pari*. Librement consenti et assumé, il est par là-même beaucoup plus durablement motivant que le défi. Un des plus grand problèmes que l'homme se soit jamais posé à lui-même a sans doute été la conquête de la Lune. C'était l'objectif, le rêve de Werner von Braun, mais c'était un rêve impossible à réaliser, un rêve d'enfant. Il n'est devenu

1. Dans un étonnant passage du *Langage du changement*, il décrit comment, au cours de la Seconde Guerre mondiale, l'intelligence vient à chacun des membres de l'équipage d'un bombardier lourd en feu au retour d'une mission sur l'Allemagne.

psychologiquement possible que lorsque les Soviétiques ont provoqué les Américains avec leurs spoutniks, et que Kennedy a su transformer ce *défi*, menace de la guerre froide, en *challenge*, le proposant – les mots sont là – non pas parce que c'était facile, mais parce que c'était difficile.

Le type même du challenge d'entreprise est celui que s'est lancé James Dyson. Passant un jour, en bon mari, l'aspirateur, il découvre que plus il marche, moins il marche (la poussière qu'il aspire obstrue le sac et freine l'aspiration). La solution est évidente : supprimer le sac. Sauf qu'Hoover et Electrolux y pensent depuis cinquante ans… Seul, avec la petite équipe de sa petite entreprise, Dyson résoudra le problème et gagnera. Personne ne lui avait rien demandé.

Où l'on s'aperçoit que derrière tout challenge, il y a un homme qui le fait accepter et partager.

De l'idée à la solution

Qu'est-ce qu'une idée ?

Abstraction d'une abstraction, le concept d'« idée », en tant qu'il est au centre de la créativité et de l'innovation, n'est jamais défini. Les « idées », en organisation, en entreprise, on les réclame à grands cris, même si on s'en méfie, mais sans jamais préciser ce que l'on entend par là. La confusion est telle qu'on y parle volontiers d'« idées concrètes », ce qui constitue une contradiction dans les termes.

Répétons-le, comment trouver des idées si on ne sait pas ce que c'est ?

Notons d'abord qu'il n'y a pratiquement aucun rapport entre les multiples acceptions philosophiques du mot (de Platon à Hegel) et ses acceptions usuelles, avec une exception : l'idée comprise comme représentation intellectuelle, abstraite, générale, d'un objet (nous avons évoqué plus haut l'idée platonicienne de chaise).

Or, curieusement, si les meilleurs dictionnaires, le Petit Robert, le dictionnaire de l'Académie Française, le TLFi (le Trésor de la Langue Française informatisé), les dictionnaires américains disponibles (gratuitement) en ligne (The American Heritage, le Webster's, le Roget's), distinguent :

- les idées (plutôt au pluriel) de quelqu'un sur quelque chose (c'est-à-dire ses opinions, ses convictions, ses jugements de valeur) ;
- l'idée (plutôt au singulier) que quelqu'un se fait de quelque chose (c'est la notion ou le concept) ;
- l'idée *de* faire quelque chose (plan, projet) ;
- les idées *pour* faire quelque chose (les voies et les moyens, les solutions),

aucun ne donne le sens que le mot a dans un énoncé banal, courant, comme « Donnez-moi des idées » ou « Il nous faut une idée » (au singulier ou au pluriel).

Une *idée*, c'est dans un tel énoncé, la représentation mentale, ou, si l'on veut, l'*imagination*, d'un *moyen inattendu ou nouveau de faire ou de permettre de faire ou de contribuer à faire ce que l'on cherche à faire, en dépit de ce qui en empêche et qui peut sembler le rendre impossible (on ne sait pas faire, on ne veut pas ou l'on n'ose pas faire, on le croit infaisable, ce n'est pas réalisable)* :

- une voie, une option, une *issue* conduisant au résultat désiré ;
- une opportunité ignorée à saisir maintenant ;
- un projet transformant le monde.

Au strict sens opérationnel où nous l'employons ici, une *idée* est donc une *idée de solution* (ou d'opportunité, ou de challenge).

Idée de solution et idée de scénario

Toujours au sens opérationnel (ou plutôt stratégique, voir ci-dessous – c'est d'ailleurs, on le sait, un jeu très prisé des militaires), une idée de solution peut, et sans doute devrait dans bien des cas, être accompagnée d'idées de *scénarios* (au pluriel). Il s'agit d'envisager des situations futures susceptibles d'engendrer des défis ou des challenges nouveaux : crises, évolution des marchés, tendances, niveau prévisible de réponse des concurrents, globalisation, complexification, etc.

C'est l'objet des *wargamings*, tout à la fois processus stratégique et réunions créatives inspirés des méthodes de réflexion stratégiques d'état-major, où l'équipe est scindée en plusieurs mini-équipes se mettant chacune dans la peau d'un des concurrents de l'entreprise. L'objectif est d'imaginer des scénarios et stratégies que ceux-ci ne peuvent pas imaginer que l'on imaginera.

Un scénario peut constituer une étape vers la solution (et si… et si…, donc telle solution est meilleure) ou en découler (soit telle solution, que se passe-t-il ?), ou les deux.

Hypothèse, donc risque, il peut être, à l'instar d'une solution, intelligent, intelligent *et* créatif, ou absurde. Il doit donc faire l'objet des mêmes garde-fous (voir étape 3 de la méthode).

Qu'est-ce qu'une solution ?

La différence entre une idée (de solution) et une solution (*voie* ou *moyen* concret de résoudre un problème) n'est pas rhétorique, et n'est pas une question nouvelle. Alex Osborn distinguait, à juste raison, l'*idea-finding* du *solution-finding*.

Différence importante : c'est une des clés de la délégation ou des conflits politiques au sein, par exemple, d'un comité de direction. Une idée est abstraite. Une solution est concrète – c'est une *mise en œuvre* possible de l'idée.

Une solution peut être purement *solutionnante* : résoudre un problème mathématique (à une seule solution), déboucher un évier. Simple question de logique et de compétence minimale (compréhension du problème, outils). Il suffit de connaître la solution (de l'avoir apprise et comprise) et de l'appliquer. Le processus idéatif proprement dit (la génération des idées) n'intervient pas.

Distinguons cependant à ce niveau deux types de résolution de problèmes pratiques : la réparation, agissant sur les causes, remise en état de fonctionnement *définitive*, corrective et préventive, et le dépannage *immédiat*, le bricolage s'il le faut, qui ne s'interroge pas sur les causes mais remédie provisoirement au dysfonctionnement, et qui, lui, peut souvent faire preuve de présence d'esprit, de sens de l'observation et même d'imagination. C'est le domaine du système D (D pour démerde, d'après les meilleurs linguistes), ou des *macgyverisms* (le mot existe ! [1]). C'est ce qu'en français on appelle l'ingéniosité.

Mais au niveau stratégique, où l'enjeu est le développement, l'emploi, la pérennité et même la survie à plus ou moins long terme, les solutions peuvent-elles se contenter d'être « solutionnantes » ? Exemple : à une guerre des prix, on répond logiquement en baissant les prix, *parce qu'il n'y a pas d'autres solutions* (on n'en voit pas *raisonnablement*). Ceux qui pensent à d'autres solutions n'ont pas été écoutés quand on pouvait encore éviter cette guerre, ils le seront encore moins maintenant.

On voit par là que manque d'imagination n'est pas raison – mais pose déjà, en soi, si l'on peut dire, un problème.

Pourquoi la solution de *facilité* n'est-elle, ici, presque jamais la bonne ? Parce qu'elle n'est pas intéressante et différenciante aux yeux des clients ; parce qu'elle n'est pas concurrentielle (si c'est facile à faire, ils le feront) ; parce qu'elle n'est pas motivante pour les gens d'imagination de l'entreprise, même si elle satisfait ceux qui sont contre le changement, les gens d'organisation.

La solution, c'est donc, nécessairement, d'en chercher d'autres. D'autres, au pluriel, parce qu'il y en a toujours plusieurs, qui, n'étant pas évidentes, présentent par là l'inconvénient d'être (et c'est bien là le problème…) des solutions de *difficulté*.

Comment, sinon, trouver celle qui a une chance raisonnable de l'emporter sur des solutions concurrentes, et, pourquoi pas, la solution *gagnante*, quoiqu'il puisse advenir ou quoi que puisse faire un opposant ou concurrent ?

1. Voir : *www.uplinktech.net/macgyver/faq/part4.html.*

De la créativité à l'intelligence créative

La créativité et l'intelligence, n'est-ce pas au fond la même chose ? Sinon, qu'est-ce qui les distingue, qu'est-ce qui leur est commun ?

La créativité

Si l'on reprend notre réflexion sur les quatre grandes catégories de créativité et que l'on en regroupe les deux qui ne sont pas directement opérationnelle, on constate que dans la pratique, il existe trois grandes sortes de créativité (en tant qu'activité) :

- une créativité scolaire (d'éveil), pour un public d'enfants ou d'adolescents ou d'étudiants ;
- une créativité personnelle (de développement *personnel* privé ou professionnel) ;
- une créativité professionnelle (de résolution collective de problème d'entreprise),

Les trois grands types de « créativité » au plan commercial

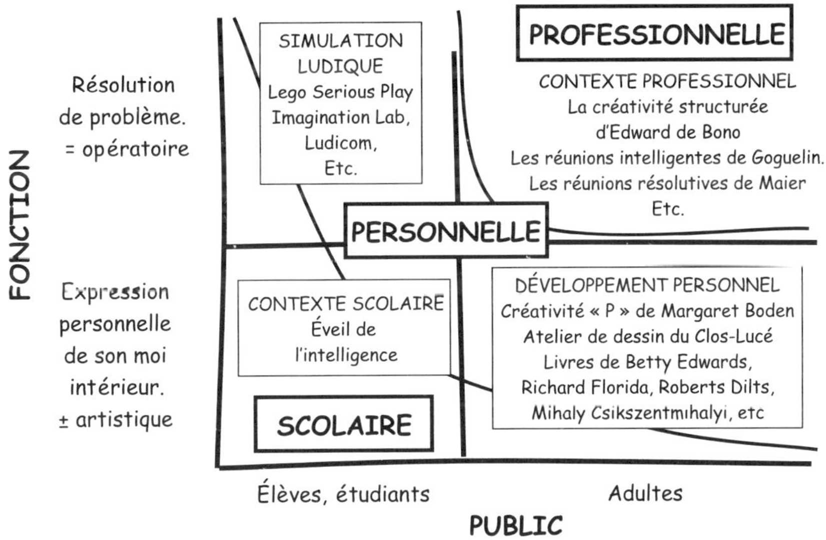

Les grands types de « créativité » sont analysés ici en fonction de deux grands types de clientèles (axe horizontal) et des deux grands types de besoin auxquels ils répondent (axe vertical). On peut alors distinguer trois domaines : une créativité à vocation scolaire, une créativité à vocation de développement personnel (regroupant les simulations ludiques et le développement personnel proprement dit) et la créativité à vocation professionnelle.

Il est remarquable que la plupart des livres et des séminaires de « créativité » soient conçus et destinés, soit aux étudiants (sous une présentation très sérieuse, les cours du Creative Problem Solving de Buffalo ou un livre comme celui de Carré et Bouilherce sont destinés à des étudiants ou à leurs enseignants pour qu'ils puissent leur faire des cours de créativité), soit à développer l'expression personnelle des enfants, et aussi d'adultes qui veulent retrouver la spontanéité de leur enfance par le rêve éveillé et autres techniques effectivement peu adultes.

Ces livres et ces séminaires ne servent pratiquement jamais à aider des managers à résoudre des problèmes dans un univers professionnel.

La question qui se pose de nouveau est alors celle-ci : pour faire accéder des adultes à l'inventivité (la case d'en haut à droite), faut-il vraiment les faire *régresser* en passant par la case d'en haut à gauche, dont l'archétype nous semble être les simulations ludiques du type Lego Serious Play (on fait jouer des cadres d'entreprise au Lego – bel exemple d'inventivité de la part du marketing de Lego, entreprise qui, remarquons-le, n'a pas utilisé ce type de simulation quand elle a eu à résoudre de graves problèmes début 2004) ?...

Comment définir la créativité destinée à un usage professionnel ?

Prenons deux définitions classiques de la créativité.

Celle de Joy P. Guilford (1897-1988), à la base de la plupart des définitions données dans les séminaires. La créativité, c'est pour lui :

1. la capacité à donner de nombreuses réponses radicalement différentes (*flexibility*) ;
2. la capacité à donner pour chacune de ces réponses de nombreuses variantes différentes (*fluency*) ;
3. la capacité à donner des réponses originales.

Et celle de Paul Torrance, le « père de la créativité américaine ». Il s'agit là d'une définition pratique, élaborée en 1958 après une longue enquête sur les facteurs-clés de survie pour les équipages d'avion de combat abattus au-dessus d'un territoire ennemi (dans son cas, au-dessus de la Corée du Nord). La créativité est pour lui un processus par lequel :

- on devient sensible à des problèmes, des manques, des lacunes de connaissance, l'absence de certains éléments, des dysharmonies ;
- on identifie la difficulté ;
- on cherche des solutions ;
- on fait des conjectures ;
- on formule des hypothèses ;
- on teste et teste encore les hypothèses ;

- éventuellement, on les modifie, puis on vérifie ces modifications ;
- pour, finalement, communiquer les résultats.

Dans une définition consensuelle, on peut donc dire que la créativité, c'est *l'aptitude à avoir de bonnes idées de solutions de façon répétée*, si possible nouvelles (inattendues aux yeux des autres).

La formule « efficacité inattendue » (*unexpected efficiency*) de de Bono résume parfaitement les deux dimensions essentielles d'une résolution *créative* de problème : l'originalité (que nous définirons comme ce qui n'est pas fréquent) et l'efficacité.

Les deux grandes dimensions de la créativité efficace et le chemin en « S » de l'intelligence créative

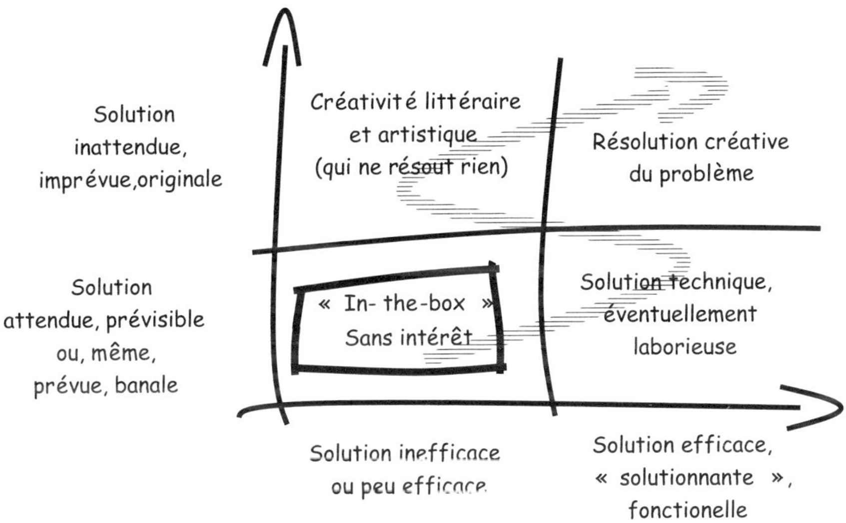

Deux dimensions : l'efficacité, d'une part ; et, d'autre part, l'inattendu, l'imprévu, l'original ; et le chemin créatif en « S », le plus usuel, qui permet de raisonner « out-of-the-box », d'être intelligemment créatif.

Nous avons figuré sur ce tableau l'essence d'une démarche créative. Partir d'une solution sans intérêt – et qui ne vaut *rien*, au propre comme au figuré – et sortir du cadre (au plan de l'efficacité accrue puis de l'originalité, ou l'inverse).

Est-il si facile de sortir du cadre ? Est-il possible de passer directement d'une solution sans intérêt (au yeux du client) à une solution à haute valeur ajoutée, comme par exemple les derniers mobiles multifonctions, à l'ergonomie et au design peu courants ? L'expérience le montre : c'est très difficile. D'où la démarche en « S ».

D'abord les fonctionnalités, puis l'originalité (au prix d'une certaine régression technologique), puis les deux.

Nous définirons donc la créativité « professionnelle », efficace, comme *la capacité à trouver vite et de facon répétée des solutions multiples, originales et efficaces à des problèmes concrets, et cela en dépit de leur difficulté et/ou du fait qu'ils n'apparaissent pas se poser immédiatement et qu'il faille les anticiper.*

L'intelligence

Excellent sujet de terminale, la définition de l'intelligence a une fâcheuse tendance à se dérober à mesure qu'on croit s'en approcher.

Le Trésor de la Langue Française informatisé (le TLFi) lui consacre l'équivalent de 24 pages du livre que vous avez entre les mains (environ 50 000 signes). Avec, parmi d'autres, cette définition remarquable par rapport à l'objet de notre réflexion :

→ « *En philososophie. et en psychologie.* [Dans des circonstances nouvelles pour lesquelles l'instinct, l'apprentissage ou l'habitude ne disposent d'aucune solution]

Aptitude à appréhender et organiser les données de la situation, à mettre en relation les procédés à employer avec le but à atteindre, à choisir les moyens ou à découvrir les solutions originales qui permettent l'adaptation aux exigences de l'action. »

L'Académie française, quant à elle, se veut plus simple. À côté d'une l'intelligence que nous pourrions qualifier d'« intellectuelle » (faculté de comprendre et de raisonner avec aisance et rapidité) et de l'« intelligence du cœur » (rebaptisée aujourd'hui intelligence « émotionnelle » pour traduire l'américain, discernement intuitif qui supplée, dans certaines situations, les qualités intellectuelles), elle définit l'intelligence *pratique*, qui nous intéresse plus particulièrement, comme :

→ « L'aptitude à *adapter* son comportement (et c'est là une conception comportementale de l'intelligence, pour laquelle l'important n'est pas tant ce que l'on pense que ce que l'on fait) à une situation nouvelle, l'adresse qu'on montre dans une situation donnée, l'habileté dans le choix des moyens qu'on emploie pour parvenir à un certain résultat. »

Quant au *Petit Robert*, à côté de quatre autres définitions, il donne celle-ci :

→ « Aptitude à s'adapter à des situations nouvelles, à découvrir des solutions aux *difficultés* (c'est nous qui soulignons) que l'on rencontre. »

Action, adaptation, adresse, habileté, voilà trois dictionnaires qui nous changent des conceptions universitaires habituelles et du Q.I. scolaire des tests de Binet. On est tout près de l'intelligence rusée des Grecs (*métis*), et de l'intelligence que nous qualifierions de « gagnante » (*smartness*) des Américains (voir ci-dessous).

Quant aux innombrables autres catégories d'« intelligence », n'y en aurait-il pas autant, finalement, que d'individus, ou de situations ? L'extension d'un tel concept aux différentes professions et aux différentes situations dans lesquels il s'applique (de l'intelligence des grands chefs, de cuisine, d'orchestre, d'armée, etc.), lui fait perdre toute substance.

Voici les neuf catégories de l'intelligence d'Howard Gardner : linguistique, logico-mathématique, spatiale, corporelle-kinésthésique, musicale, interpersonnelle, intra-personnelle, écologique (*naturalist*), spirituelle. Elles furent collationnées dans la cadre d'un projet pédagogique [1] pour expliquer aux parents d'enfants insupportables (pardon : hyperactifs) que ceux-ci étaient en fait des surdoués.

Plus optimiste encore, et pour mieux nous montrer que nous sommes tous géniaux, chacun à notre façon (gros succès comme il se doit), Tony Buzan, l'inventeur des cartes mentales, les MindMaps, ne propose pas moins de dix catégories : créative – nous y arrivons –, personnelle, sociale, spirituelle, physique, sensuelle, sexuelle, numérique, spatiale, verbale. Il y en a, on le voit, pour tout le monde (bien qu'il y manque l'émotionnelle, découverte récente). Soit. Mais, s'il y a bien plusieurs catégories d'intelligence plus ou moins développées selon les individus (abstraite, pratique, sociale), pourquoi ne pas parler plutôt parler ici de catégories d'*imagination* ? Et il faudrait alors ajouter l'imagination commerciale, l'imagination financière, l'imagination militaire, etc.

Pour chaque type d'intelligence, il faudrait distinguer ceux qui en exploitent l'acquis, parfois avec génie, de ceux qui en explorent de nouveaux territoires. Pour l'intelligence linguistique, ceux qui exploitent la langue et son vocabulaire (écrivains petits et grands) et ceux qui l'inventent (Lewis Carroll, James Joyce, Céline, Queneau, etc.). Pour l'intelligence corporelle-kinesthésique, celle des athlètes et celles des danseurs de ballet ; etc. (voir tableau page suivante).

Revenons aux choses sérieuses. La seule bonne définition, rigoureusement opératoire, de l'intelligence, est celle-ci : c'est *la capacité à trouver des solutions à des situations nouvelles* (inédites, *insatisfaisantes*), à les trouver *vite* (« L'intelligence, c'est la vitesse », a dit quelque part Paul Valéry) et de *façon répétée* (trouver une solution une fois, une seule fois, étant soit un trait de génie comme celui d'Einstein écrivant coup sur coup quatre articles dont le premier lui vaudra le Prix Nobel et le dernier la gloire au cours de l'année 1905, son année miraculeuse, à 26 ans – et pratiquement rien ensuite, soit le fruit du hasard ou de la chance).

1. Le projet Zero de la Harvard Graduate School Education. Voir : *http://pzweb.harvard.edu/*.

Exploitation et exploration des domaines d'intelligence

Domaines d'intelligence	**Exploitation par les gens d'organisation**	**Exploration par !es gens d'innovation**
Linguistique	Correcteurs d'imprimerie, lexicologue, polyglotte. Utilisateurs de mots : écrivains « classique », etc.	Lewis Carroll, James Joyce, etc. Inventeurs de mots
Logico-mathématique	Comptables, calculateurs prodiges	Henri Poincaré, Albert Einstein, etc.
Corporelle-kinesthésique	Concours de danse (tango, valse, etc.), gymnastique olympique, figures imposées, etc.	Chorégraphie (Béjart, etc.), patinage artistique (figures libres), etc.
Musicale	Chefs d'orchestre	Compositeurs
Etc.	....	....

Pour chacun des domaines d'intelligence, on trouve une possibilité d'exploitation de l'acquis, compétence des gens d'organisation, et une possibilité d'exploration, de recherche, compétence des gens d'innovation.

L'intelligence créative

Quelle est, dès lors, la différence, et où se situe la convergence, avec la « créativité » ?

La réponse, en forme de lapalissade, tient en deux mots (et là nous retrouvons la première catégorie de Buzan, mais dans une acception beaucoup plus précise que celle d'une vague catégorie de l'imagination, expression du moi créateur) : l'*intelligence créative.*

À l'intelligence tout court, à l'intelligence solutionnante, l'*intelligence créative* ajoute une dimension, celle de l'*originalité.*

Qu'est-ce que l'originalité ?

C'est le caractère de quelque chose à quoi les autres n'ont pas pensé – et l'originalité d'une idée se mesure trés facilement par le pourcentage de personnes qui n'y ont pas pensé.

Son contraire est la banalité (qui se mesure par le pourcentage de personnes qui connaissaientt déjà ou avaient déjà pensé à l'idée proposée).

L'intelligence créative est donc la capacité à trouver des solutions *originales, nouvelles* pour les autres (et parfois aux yeux mêmes de celui qui les trouve...).

Elle se mesure à l'instar du QI comme nous le verrons au début de la troisième partie.

Elle est doublement paradoxale : une personne à fort QI (Quotient d'Intelligence *logique*) peut très bien avoir un « QIC » (Quotient d'Intelligence Créative) médiocre (Archimède, Isaac Newton, Albert Einstein, etc.), et inversement (Michel Ange, Walt Disney, Charlie Chaplin, Pablo Picasso, etc.) [1] ; un groupe de personnes au bon QI moyen présente presque toujours en première évaluation un QIC collectif médiocre mais peut le multiplier par 2 ou 3 en observant une méthode appropriée (voir Quatrième partie).

Cette définition posée, nous ne parlerons plus, ou seulement entre guillemets, de « créativité », notion qui n'apporte pas plus aujourd'hui qu'elle n'apportait il y a trente ans lorsque l'Académie Française s'interrogeait avec raison sur l'utilité de son introduction officielle dans la langue française, mais d'*intelligence créative*, en conservant l'adjectif « créatif » (devant lequel les meilleurs dictionnaires manifestent le même embarras que devant « créativité ») comme signifiant « qui fait preuve d'*imagination* ».

Compétence professionnelle, intelligence, créativité et intelligence créative

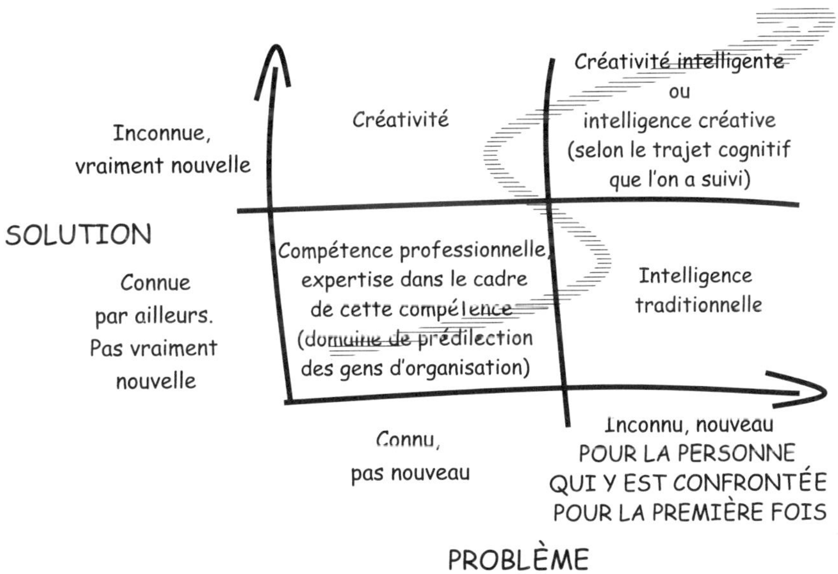

Les gens d'organisation excellent à retrouver la solution des problèmes déjà résolus, les gens d'imagination à inventer des solutions aux problèmes nouveaux.

1. Nous ne faisons que reprendre les évaluations chiffrées données dans *The Book of Genius* de Tony Buzan.

De l'intelligence « gagnante » à la stratégie et à l'innovation

À toutes les catégories d'intelligence qu'on voudra, ajoutons-en une pour finir, indissociable de l'action, et elle-même composite, celle qui permet de réussir dans la vie en s'adaptant ou en sachant se sortir de situations difficiles, l'intelligence *gagnante*, faite d'intelligence créative, stratégique, pratique, sociale (dont une forte composante est l'intelligence émotionnelle ou empathique) et, aussi, d'un peu d'intelligence logique (celle du QI).

Pour résumer, cette catégorie d'intelligence négligée par tous les théoriciens, redécouverte sous le nom de « successful intelligence » par Robert Sternberg [1], l'*intelligence gagnante* (la *métis* des Grecs), peut être définie comme la capacité à trouver de nouvelles solutions à de nouveaux problèmes concurrentiels et à les mettre en œuvre avec d'autres face à des opposants dont on a anticipé les stratégies.

La stratégie

Encore un mot vague mais « à effet », employé *ad nauseam* dans toute entreprise ou toute organisation pour faire sérieux.

C'est une idée (à la fois de solution, ou de plan, ou de contre-plan, et de scénario face à un plan adverse bien identifié ou correctement anticipé) gagnante, au sens où elle va permettre de sortir d'une situation déjà ou à terme dangereuse, menaçante, insupportable, donc à un défi concurrentiel.

Dans toute organisation, la stratégie est le véritable ressort de l'intelligence créative, et aussi de l'enthousiasme – un plus beau mot que motivation.

« *What we have done, that nobody thought we could do, is to take on the multinationals* (Electrolux, Hoover, etc., NDLR) *and beat them in a very short space of time, which I hope gives other people heart.* » (« Nous avons fait ce que personne ne pensait que nous réussirions, c'est-à-dire nous attaquer aux multinationales et les battre en très peu de temps, et j'espère que ça va donner à tous le courage de le faire »), a écrit James Dyson [2] dans un livre au titre adéquat, *Against the Odds*, traduit en français par *Dans la cour des grands* mais qu'on pourrait tout aussi bien traduire par *Seul contre tous* et qu'on devrait traduire, au sens où nous l'entendons, par *Le Challenge*, avec en sous-titre : « De l'idée à l'innovation en passant par la stratégie ».

1. Voir : *http://www.crec.org/atdn/teacher_resources/lvalifeapp2creative.pdf.*
2. *Dans la cour des grands*, Le Cherche-midi Éditeur, 2003. Voir aussi son site : *www.dyson.com.*

De la créativité à l'innovation gagnante

L'innovation

Une innovation, c'est une idée qui prend des parts de marché ou, mieux, qui *crée* un marché. C'est, osons l'expression, de la *créativité gagnante.*

Combinaison d'imagination et d'organisation, et nécessitant donc la coopération des gens d'imagination et des gens d'organisation, l'innovation est la transformation d'une idée en un succès commercial (pour une entreprise) ou sociétal, et son utilisation par un grand nombre, dont elle change le mode de vie des gens, le monde.

Indissociable de la créativité dans les séminaires de formation (on y parle toujours de « créativité *et* innovation »), c'est un concept protéiforme, trés difficile à cerner, et que les dictionnaires éprouvent le même embarras à définir que la créativité, sinon pour dire comme le Petit Robert, et nous n'inventons rien, que c'est le contraire de l'archaïsme, de la routine et de la tradition !

Même Peter Drucker, le pape du management, le chantre de l'innovation et de l'esprit d'entreprise, n'a pas trouvé mieux que cette définition : *« Change that creates a new dimension of performance »*, reprise par le Leader to Leader Institute (ex-Drucker Foundation) pour sélectionner les lauréats de son Innovation Award.

Le verbe « innover » est intransitif. *On ne peut pas innover quelque chose.* C'est même un des verbes les plus intransitifs de la langue française à côté de avancer, marcher, progresser, etc. C'est une action intérieure par laquelle on va ailleurs sans savoir où. Innover, c'est quitter un état existant.

Innover, c'est, en interne, « faire autre chose » que ce que l'on faisait auparavant. En externe, c'est apporter une solution nouvelle à des clients ou à un marché et faire qu'elle soit adoptée.

L'innovation est un processus

L'innovation est d'abord un long processus : on part d'une l'idée, on prouve qu'elle marche, quand c'est possible on la brevète, on la réalise, on la diffuse, elle est acceptée, elle est pratiquée par un grand nombre.

On doit distinguer deux grandes phases successives :

- un processus interne à l'entreprise ou à l'organisation (psycho-socologique et managérial, innovation participative, organisation de la stimulation, de la reconnaissance et de l'exploitation des idées d'amélioration collectées) ;

- suivi d'un processus externe à l'entreprise (diffusion de l'innovation, processus sociologique d'adoption).

Il conviendrait en outre de distinguer quatre types d'innovation, suivant que celle-ci est, d'une part, sporadique (isolée) ou continue, ou, d'autre part, mineure ou majeure, donc de faire la différence entre :

- l'innovation isolée et mineure ;
- l'innovation permanente et mineure, c'est l'amélioration continue des processus ;
- l'innovation isolée et majeure ;
- l'innovation majeure et continue, c'est le changement (pour ne pas dire la *révolution*) permanent.

Les sept niveaux de l'innovation

Tous les auteurs s'accordent à distinguer deux grands types extrêmes d'innovation : d'une part, l'innovation *incrémentale* (petite amélioration ou adaptation faite, souvent, en traînant les pieds, d'un produit ou d'un service à l'évolution implacable de l'environnement, domaine de prédilection des gens d'organisation) et d'autre part l'innovation *radicale* (domaine de prédilection des gens d'imagination). Où finit l'innovation-évolution et où commence l'innovation révolutionnaire ?

Prenons un exemple très trivial : le tire-bouchon de base constitué d'une mèche et d'une poignée fait principalement pour déboucher des bouteilles de vin. Aucun tire-bouchon ne marche vraiment, à coup sûr, dans tous les cas, ce qui explique l'incroyable prolifération de modèles et d'inventions pour résoudre ce problème tout simple. Les améliorations-innovations possibles sont les suivantes :

- une innovation qui n'en est pas une, de niveau zéro, l'amélioration de la qualité technique de la mèche, plus longue, réalisé en acier de meilleure qualité, etc. ;
- une innovation de niveau 1, la déclinaison (couleurs, matière, etc.) du tire-bouchon traditionnel, qui consiste à trouver des motifs amusants, folkloriques, coquins, tendances, etc., pour la poignée ;
- une innovation de niveau 2 qui consiste à inventer un nouveau mécanisme facilitant l'opération (limonadier, à levier, etc.) en démultipliant l'effort (cent ans de brevets...) ;
- une innovation de niveau 3 : réinventer le principe, transformer l'effort de traction en un mouvement rotatif (c'est le Screwpull, une success-story) ;
- une innovation de niveau 4 consistant à incorporer le tire-bouchon à l'intérieur du bouchon (c'est le procédé Metacork qui a commencé d'être commercialisé en Californie, une deuxième success-story) ;

- une innovation de niveau 5 qui consiste à sortir du cadre et à passer, soit au bouchon à vis (comme par exemple le procédé Stelvin de Pechiney en train d'être adopté par la majorité des producteurs australiens et néo-zélandais), qui supprime le bouchonnage, soit, en poussant le bouchon encore plus loin, à adopter la capsule métallique des petites bouteilles de bière (des viticulteurs italiens, autrichiens et alsaciens l'on déjà adoptée) ;
- une innovation de niveau 6, supprimer la bouteille source de tous nos maux et, qu'importe le flacon pourvu qu'on ait l'ivresse, la remplacer par le cubitainer ou sa version améliorée, innovation de niveau 6 +, le Bag in Box AE, le « bib » ;
- une innovation de niveau 7, révolutionaire, celle qui résoudra tous les problèmes : le vin en poudre (il en existe déjà pour faire les sauces).

Suivant le type de personnalité et les valeurs de chacun, l'innovation ne sera plus acceptée à partir d'un certain niveau (« il n'en est pas question ! ») ou commencera à un niveau donné (« enfin du nouveau ! »).

L'innovation est partout – mais pas toujours gagnante...

On pense toujours à l'innovation *produit*. En fait elle est partout. On peut innover dans tous les maillons de la chaîne de valeur, dans cette chaîne orientée client qui peut et doit remonter tout en amont jusqu'aux fournisseurs du fournisseur et redescendre jusqu'au client en passant par les processus de fabrication, de distribution, de commercialisation, de fidélisation. L'innovation peut être organisationnelle, commerciale, financière, etc.

Deux innovations majeures apportées à l'automobile par Alfred Sloan (l'homme qui a *fait* la General Motors) ont été le crédit, avec une division dédiée, et la segmentation, avec cinq marques. L'innovation majeure apportée par Michael Dell à l'informatique personnelle a été la fabrication personnalisée. Et Dell est n° 1 sur le marché du PC, alors qu'Apple, champion incontesté de l'innovation-produit (1 300 brevets !) avec des machines plus puissantes, plus rapides, plus conviviales, plus belles que celles de ses concurrents, n'est que 9e (avec à peine 2 % du marché et des profits en baisse constante), derrière des fabricants de simples clones comme Acer et Legend...

Si l'on analyse les innovations les plus marquantes de cinquante dernières années, on doit conclure qu'il n'y pas de lois qui permettent de manager l'innovation comme les hommes d'organisation le souhaiteraient.

Le Segway HT (Human Transporter), cette trottinette à deux grosses roues parallèles et à moteur électrique présentée officiellement fin 2001, après un long suspense, comme le moyen de transport individuel urbain révolutionnaire du futur, et commercialisée à partir d'avril 2003 en vente directe sur Amazon.com, s'était vendu à la fin de la même l'année à 6 000 exemplaires. Flop ou succès ? La Smart n'a pas commencé mieux et l'Espace de Renault, beaucoup plus mal.

Surréaliste, la baignoire à portière imaginée dans les années soixante-dix par Carelman ? Face au vieillissement de la population, elle entrera peut-être bientôt dans les mœurs.

Un autre de ses objets introuvables, le vélo de repos (la selle étant remplacée par une chaise longue), se vend aujourd'hui assez bien aux Pays-Bas et aux États-Unis et est peut-être un des vélos de demain.

On trouve sur Internet un site délicieux faisant l'inventaire des inventions les plus stupides (aux yeux des rédacteurs) et qui ont été brevetées [1]. Parmi celles-ci, l'airbag pour motard. On en trouve aujourd'hui plusieurs modèles sous le nom de veste gonflable.

Quant à prévoir le délai entre l'idée et le succès… La pénicilline, découverte en laboratoire en 1928 par Fleming, ne sera produite industriellement par Pfizer qu'en 1943 pour répondre aux besoins de la guerre, et ne bénéficiera au public qu'en 1947.

L'avion de transport à décollage vertical, idée de 1935, n'est toujours pas au point.

Prenons le téléphone mobile. Aucun des écrivains de science-fiction les plus imaginatifs, les plus audacieux, n'avait prévu le phénomène. Ils avaient tout imaginé : le vidéo-téléphone, l'hélicoptère individuel, la voiture volante, etc. – les bandes dessinées d'anticipation des années quarante en étaient pleines. Ils n'avaient pas imaginé ce qui était pourtant facilement imaginable dès les années trente en extrapolant les premiers talkies-walkies. Quand commence l'innovation, majeure s'il en est ? Quand Martin Cooper commence à en rêver en 1954 ? Quand en avril 1973 il établit sa première liaison d'une rue de Manhattan à une autre avec un Dyna Tac de Motorola ? Quand Motorola commercialise les premiers mobiles réellement portables (les premiers pesaient un kilo) ? Ou bien quand un humain sur cinq dans le monde en possède un en 2003 ? Ou encore quand sera commercialisé le Finger Whisper de l'opérateur japonais NTT DoCoMo, ce mobile gros comme une montre dans lequel on chuchote et qu'on écoute en s'appliquant un doigt sur le lobe de l'oreille ?

Beaucoup de grandes innovations arrivent sur des pattes de velours, comme le WorldWideWeb, inventé par Tim Berners-Lee en août 1991, alors que son patron de laboratoire était en vacances, pour échanger des tuyaux avec des collègues, ou comme le SMS, inventé en décembre 1992 par Neil Papworth pour souhaiter un bon Noël également à ses collègues, et qui ne sera adopté massivement que dix ans plus tard.

Une chose est sûre : derrière toute vraie innovation, ne cherchez pas de « créativité » remue-méninges, de schémas heuristiques, ou autres matrices morphologiques

1. *www.totallyabsurd.com.*

(à moins de dire que l'association de deux ou trois ou quatre idées, ou que la sérendipité en font partie...).

Ne cherchez pas un génie solitaire.

Cherchez plutôt beaucoup d'intelligence créative (idée-solution efficace et originale d'un problème correctement posé et situé, ou, mieux encore, stratégiquement imaginé) – et aussi de pugnacité, de résistance.

Cherchez des gens qui imaginent et des gens qui organisent.

Cherchez une *équipe*.

Deuxième partie

VERS L'INTELLIGENCE CRÉATIVE EN ÉQUIPE

Chapitre 4

Pourquoi et quand faut-il chercher des solutions créatives en équipe ?

Nous avons vu combien la « créativité », en tant que discipline, est très loin d'en être une au plan professionnel.

Fondée sur des légendes, des histoires controuvées de génies solitaires, sur des activités récréatives coupées de la réalité, elle ne peut prétendre offrir mieux qu'une voie de développement personnel.

Quant au brainstorming, aux boîtes à idées, ils sont par nature inopérants face aux problèmes complexes, internes et externes, qui se posent de façon continue aux organisations, petites ou grandes.

Comment trouver, évaluer et mettre en œuvre de façon continue des idées de solutions efficaces *et* originales, susceptibles d'en assurer la pérennité, voire la survie ?

Si on se pose sérieusement la question (tout le monde, à l'évidence, ne se la pose pas), il faut alors s'en poser une série d'autres.

Qui va s'en charger ? Quand ? Comment assurer une bonne productivité *idéative* ? Quelles seront les modalités de sélection des meilleures solutions, puis de leur mise en œuvre ?

La réponse à la première question (qui ?) est théoriquement simple (elle l'est moins dans la pratique) : à moins de disposer en permanence d'un génie omniscient et en ébullition ininterrompue, préposé à cet effet, il faudra s'y mettre à plusieurs. À plusieurs *ensemble*.

C'est ce que nous appellerons une *équipe*. Sa constitution répond à des conditions strictes.

La deuxième question (quand ?) est délicate. Aussi longtemps que l'on n'est pas résigné à laisser aller les choses, la réponse dépend de la conscience que l'on a de l'avenir – ou de l'urgence. Notre réponse : maintenant. Il n'est jamais trop *tôt* pour bien faire.

Les questions suivantes ont la même réponse : une méthode (voir troisième partie).

Qu'est-ce qu'une équipe ?

Le mot « équipe » est un mot dont on abuse pour désigner au sein des organisations n'importe quel groupe d'individus, même s'ils ne travaillent pas en équipe – parce qu'ils ne savent pas, qu'on ne leur pas appris, qu'ils ne veulent pas, ou qu'ils n'ont tout simplement pas l'esprit d'équipe.

Pour avoir une ou des « équipes », il faut donner envie aux gens de travailler en équipe, leur en insuffler l'*esprit*...

Qu'est-ce donc qu'une « équipe » véritable ? C'est un petit groupe de personnes présentant les caractéristiques suivantes :

- de trois à onze personnes (voir chapitre 6 – l'analogie avec les équipes sportives ne mène à rien, l'association de talents physiques n'ayant pas grand'chose à voir avec l'association d'intelligences ; par ailleurs, un match est d'une part, régi par une unité de temps, de lieu et d'action qui ne se retrouve pas dans la vie de l'entreprise, et d'autre part, joué par des joueurs qui se *voient*, d'où leur *co-opération* instantanée difficile en entreprise) ;
- réunies volontairement (réunion réelle ou virtuelle) ;
- ayant un but commun ;
- dont chaque membre a le désir de co-opérer activement avec chacun des autres (coopérativité) ;
- au sein de laquelle règnent : une égalité de statut...
- la liberté d'expression...
- un certain altruisme (capacité à se sacrifier ou à mettre l'intérêt général au-dessus de ses intérêts particuliers) ;
- à l'intérieur de laquelle la communication de l'information est totale (tout à tous) ;
- et dont les membres présentent des compétences complémentaires.

On voit que la décision de monter une telle équipe est déjà en soi un challenge.

Donner envie à des gens, qui nc font pas la même chose et ne s'entendent pas forcément *a priori*, de s'impliquer dans un but commun, est une tâche exaltante mais ingrate.

Nous n'avons pas de secret pour y réussir.

Aussi recourrons-nous à une analogie puisée dans l'histoire (toutes choses égales par ailleurs, bien sûr), l'illustration la plus étonnante et la plus belle sans doute pour nous de ce qu'est une équipe, et dont nous avons pu constater maintes fois l'impact en séminaires sur le leadership (et les équipes) : l'expédition au pôle sud d'Ernest Shackleton, au début du siècle dernier.

Un challenge s'il en fut [1] : les pôles conquis, il ne reste plus qu'un exploit à réaliser, la traversée du continent antarctique de part en part, en partant d'Amérique du Sud. Shackleton recrute un équipage en faisant paraître début 1914 dans le *Times* de Londres la plus grande petite annonce de tous les temps :

> MEN WANTED for hazardous journey. Small wages, bitter cold, long months of complete darkness, constant danger, safe return doubtful. Honor and recognition in case of success – Ernest Shackleton.
>
> (On recherche hommes pour expédition à risques. Salaire modeste, froid intense, longs mois d'obscurité, danger permanent, retour sain et sauf douteux. Honneur et reconnaissance en cas de succès.)

5 000 réponses.

Et promesse tenue. L'« Endurance » se fait prendre par les glaces. Le challenge tourne au défi. Le bateau est lentement broyé par la banquise et sombre. Avec des trésors d'ingéniosité, de courage et d'humour – il organise des matchs de football sur la glace – Shackleton maintient le moral et la santé de tous. Il prend la décision de partir avec quelques hommes chercher du secours en Géorgie du Sud, base de baleiniers, à 1 200 km de là, sur une chaloupe, avec parfois des vagues de vingt mètres de haut. Grâce à son navigateur (une erreur d'un seul degré, 110 km, eût été fatale), il y parvient. Mais ils sont arrivés du mauvais côté, inhabité, de l'île. Avec deux compagnons, il la traverse à pied en un raid de 72 heures (il faut escalader, dans la neige, sans équipement, une redoutable montagne, qu'ils redescendront en partie sur les fesses), que Reinhold Messner lui-même – le premier à avoir conquis l'Everest sans oxygène – aura du mal à rééditer pour le tournage d'un film en Imax. Les trois hommes retrouvent enfin la civilisation. Il faudra ensuite à Shackleton *quatre* tentatives pour récupérer tout son équipage intact sur l'île de l'Éléphant, avec ce mot : « *Not a life lost and we have been through hell.* » (« Nous avons traversé l'enfer sans perdre un seul homme. »)

Exemple édifiant d'un leader exceptionnel et d'hommes d'une trempe peu commune ? Sans doute. Nous voulons seulement montrer, par cette histoire, qu'un équipage, qui est simplement là pour faire marcher un bateau, peut devenir une équipe (ou, en l'occurrence, face aux difficultés, plusieurs), animée par un but commun.

Ce but commun, il faut commencer par le proposer.

1. À côté de quelques sites Web superbes que l'on trouvera facilement avec Google, signalons : « Sir Ernest Shackleton », dans : John Adair, *Leaders*, Talbot Adair Press, 1989, p. 188-190 où ses qualités exceptionnelles de leadership de Shackleton sont analysées, et le récit de son expédition par lui-même : Sir Ernest Shackleton, *L'Odyssée de l'« Endurance »*, Phébus libretto, 1988.

Comment l'intelligence créative vient à l'équipe

Nous y reviendrons dans l'exposé de la méthode (le test de Quotient d'Intelligence Créative et comment le multiplier au chapitre 7), mais disons tout de suite qu'une équipe, aussi brillants que soient ses membres, ne devient pas (intelligemment) créative sur un claquement de doigts. Créative ou non, l'intelligence n'est pas *a priori* cumulative. Il faut pour cela des conditions à la fois très simples et très compliquées : que tous, en sachant pourquoi et en reconnaissant les mêmes valeurs, se sentent sur le même bateau, également motivés, impliqués et solidaires dans le partage du challenge.

Il ne s'agit plus de s'amuser dans un brainstorming remue-méninges occasionnel, réunion plus récréative que créative de gens non impliqués.

Il s'agit de manager une équipe pour qu'elle soit intelligemment créative et cela prend du temps.

Or il n'y a pas de temps à perdre.

Quand ? Pas urgent, peut-être, mais important, oui ou non ?

Alors, quand ? À vous et à votre équipe d'en décider.

Pour vous aider à prendre cette décision, être ou ne pas être intelligemment créatif, nous vous proposons de reprendre la matrice attribuée à Eisenhower [1] et reprise à la suite de Stephen Covey [2] dans tous les séminaires de gestion du temps.

Qu'est-ce qui est vraiment important et urgent et donc à traiter en priorité ? Qu'est-ce qui n'est pas très important et pas très urgent ?

Ou posé autrement : *survivre*, est-ce important et urgent ou non ?

La matrice d'Eisenhower va nous permettre d'évaluer le degré de conscience de la priorité de la recherche de solutions au sein de l'organisation.

Si vous placez le besoin de solutions créatives dans la case I (selon vos priorités, la prospection, la satisfaction des clients, le respect des délais, la rentabilité, le maintien de l'emploi, l'apport d'idées nouvelles, etc.), il vous faut appliquer la première règle de Covey : *First things first*, les priorités en priorité.

---

1. De façon totalement apocryphe, mais là n'est pas la question.
2. « Habitude n° 3. Donnez la priorité aux priorités. Principes de gestion individuelle », dans : Stephen Covey : *Les sept habitudes de ceux qui réalisent tout ce qu'ils entreprennent*, First, 2000, p. 146-182.

La matrice des priorités d'Eisenhower

	Urgent	Pas urgent
Important	I Les grands défis d'aujourd'hui. À TRAITER EN PRIORITÉ IMMÉDIATE	II Les grands challenges de demain et les solutions créatives qu'ils impliquent À TRAITER EN PRIORITÉ
Pas important	III Les interruptions quotidiennes, le téléphone 90% des e-mails, etc.	IV Le reste. À SUPPRIMER

Toujours faire passer les activités des cases I et II avant celles des cases III et V. Et la recherche de solutions créatives pour demain après la recherche de solutions créatives pour résoudre les problèmes importants d'aujourd'hui mais AVANT ce dont les enjeux ne sont pas importants.

Si vous le placez dans la case II, il vous faut appliquer la deuxième règle de Covey. Déléguez pour vous occuper des choses importantes bien qu'elles ne soient pas urgentes – *avant* les choses urgentes mais qui sont sans importance.

Si vous placez la recherche de solutions créatives parmi les activités sans importance, en III ou en IV, n'en parlons plus…

Chapitre 5

Les pièges de l'intelligence collective et la formule magique de l'efficacité

Nécessaire, la production collective d'idées (de solutions) efficaces et originales est déjà difficile. Un bon nombre de gourous de la « créativité » individuelle, qui ne connaissent, en fait de collectif, que le remue-méninges, pensent même que c'est impossible...

Face à la complexité et à la transversalité croissantes des produits et des services, à l'instabilité structurelle désormais permanente de l'environnement, *choisir* la bonne solution et *décider* de la mettre en œuvre, toujours collectivement, apparaissent encore plus difficiles.

Nous venons de parler de « choix » et de « décision ». Dans le sens employé ici, il s'agit bien d'un processus simultané – en équipe, on *choisit* ensemble une solution, on *décide* ensemble de la mettre en œuvre, sans préjudice de l'éventuelle décision finale d'un décideur en chef, en principe recruté et formé dans ce but, type de décision d'une autre nature et dont nous ne traitons pas ici.

Il nous faut cependant commencer par examiner les différents types de décisions.

Les quatre types de décisions

Rappelons qu'il faut distinguer, au sein d'une organisation, quatre types de décisions :

- les décisions faciles à prendre, peu techniques et sans grandes conséquences ; et, d'autre part, les décisions difficiles à prendre, très techniques, importantes ;
- les décisions ne demandant pas de *coopération* des acteurs dans la mise en œuvre ; et, d'autre part, celles qui exigent une telle coopération.

Ce qui nous donne la matrice suivante, dans laquelle nous trouvons quatre types de processus de prise de décision collective :

1. celles qui sont sont faciles à prendre, sans grandes conséquences et dont la mise en œuvre ne nécessite aucun esprit d'équipe. Qu'elles soient prises de façon autocratique, à pile ou face, ou abandonnées au laissez-faire est sans importance – elles qui ne méritent pas qu'on leur consacre du temps ;

2. celles qui sont très importantes mais ne nécessitent pas ensuite de coopération entre les acteurs lors de la mise en œuvre. C'est le domaine des décisions autocratiques basées sur l'expertise personnelle du dirigeant ou du responsable de l'équipe ou appuyée par celles d'experts ;
3. celles de tous les jours, pas très importantes mais où la coopération est nécessaire et qui constituent la trame de la vie quotidienne toute organisation – ces questions sont gérées de façon empirique autour de la machine à café et c'est très bien ainsi ;
4. les décisions importantes, techniquement complexes, et demandant la coopération de tous pour être mises en œuvre. Elles impliquent l'utilisation et la maîtrise de certains principes méthodologiques, ceux d'un solutionnement collectif. S'il s'agit, en particulier, de décisions orientées client face à des concurrents, *elles doivent être créatives*. Nous l'avons vu, c'est une nécessité.

Quatre types de processus de décision

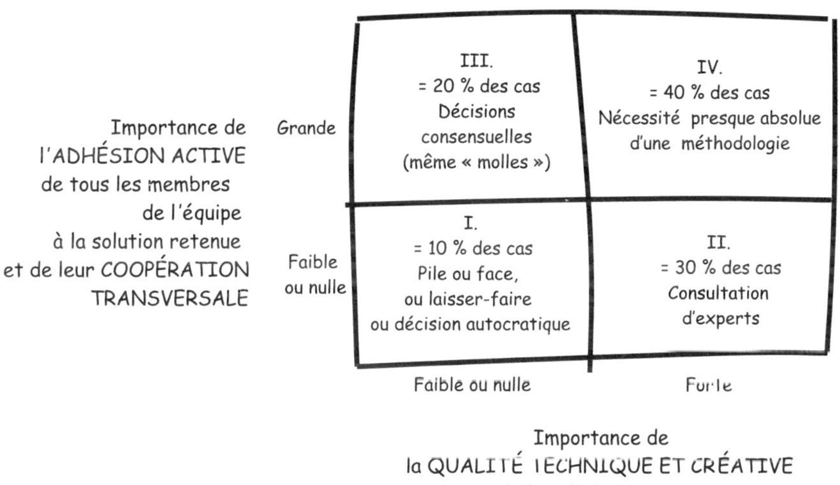

Les quatre types de processus de décision choisis suivant l'importance de la qualité de la solution et l'implication nécessaire des acteurs dans la mise en œuvre.

Pourquoi ce tableau ? Parce que les prises de décision de type 4 – qui ne représentaient il y a encore une dizaine d'années qu'un petit pourcentage des décisions à prendre, peut-être 5 % – ont vu leur pourcentage augmenter sans cesse pour atteindre aujourd'hui environ 40 % de toutes les décisions prises dans l'entreprise (alors que les décisions de type 1 sont passées de 80 % à 10 %, celles de types 2 de 5 à 30 % – c'est le règne des experts –, et celles de type 3 de 10 à 20 % environ).

Parce qu'elles sont complexes ou transverses, les décisions de type 4, répétons-le, doivent être prises en équipe, selon un processus ou une méthodologie qui emportent une adhésion générale et partagée à la solution adoptée.

C'est la condition sine qua non de leur efficacité.

Pourquoi est-il si difficile de décider en équipe ?

Une fourmi intelligente, ça n'existe pas. Mais une colonie de fourmis est *intelligente*, si l'on définit ici strictement l'intelligence comme le choix des bonnes solutions en fonction d'un but précis et de conditions environnementales particulières. Pourquoi l'homme, en revanche, si intelligent soit-il (c'est-à-dire avec toutes les formes d'intelligence dont il est capable, parmi lesquelles la *créative*), a-t-il tant de mal à choisir (ou à décider), non seulement dans le bon sens, mais, bien souvent, à choisir (ou à décider) tout court ?

Précipitation, erreur sur le problème, idées préconçues, trop grande confiance en soi, solution de facilité, improvisation, abandon au profit de la sagesse supposée du groupe, déni de la réalité, oubli des leçons du passé, absence d'analyse de la façon même dont on prend une décision : l'individu en apparence le plus équilibré a vite fait de tomber dans l'une des *10 chausse-trapes de la décision* retenues par Russo et Shoemaker.

Dès lors, la décision *collective* ne devrait-elle pas être plus facile, avec des chances d'être meilleure, puisqu'on en partage le fardeau et qu'elle fait intervenir plusieurs intelligences, censées à la fois s'additionner et s'équilibrer ? Non, et précisément pour cette raison.

Nous sommes face à un pénible paradoxe : trouver de *bonnes* solutions dans le cours d'un destin collectif, comme l'entreprise, demande la participation de plusieurs personnes, et plusieurs personnes ensemble présentent une fâcheuse tendance à prendre de *mauvaises* décisions.

Pourquoi ?

En raison d'un grand nombre d'obstacles psychologiques (confinant pour certains à la pathologie) et objectifs (ou objectivés) qui, faute d'être froidement pris en compte au départ ou identifiés à temps, peuvent bloquer le système ou même, éventuellement, conduire tout droit au désastre de la décision absurde.

Les grandes causes d'échec

Nous n'allons pas ici reprendre les points-clés, toujours les mêmes, du processus « problem-finding/problem-solving/decision-making » : définir le problème, chercher des solutions, en choisir une et la mettre en œuvre (un bon modèle étant le modèle IDEAL de Bransford & Stein, repris, comme nous l'avons vu, sous des acronymes divers par la plupart des spécialistes français en créativité), ni proposer un modèle de plus. Nous nous intéresserons plutôt aux goulots d'étranglements structurels, relationnels, culturels, à ce qui est le plus difficile à corriger, soit objectivement, soit parce qu'on n'en mesure pas très bien l'importance.

Nous en comptons onze (si vous en avez rencontré d'autres, complétez) :

1. la difficulté, pour le dirigeant ou le responsable, de faire partager le but qu'il poursuit, sa vision, son ambition, son indignation, face à une situation qui pour lui ne peut plus durer, face à un état du monde qu'il *veut* changer ;
2. le fait de se tromper de problème (compris comme ce qui empêche d'avancer) ;
3. le fait de ne pas partager les mêmes valeurs ;
4. le fait de laisser des conflits de personnes nuire à la coopérativité (ou dit autrement, à l'esprit d'équipe) ;
5. le fait de n'avoir qu'une seule idée, et de croire que c'est une idée ;
6. le manque d'écoute réciproque ;
7. des solutions, des options et des décisions qui ne sont pas partagées ;
8. l'*indécision* collective due au fait que n'ont pas été précisés les *critères de sélection* des idées proposées, chacun pensant de son côté que son idée est meilleure que celles des autres – la décision sera imposée par celui qui possède le pouvoir au sein du groupe ;
9. une structure empêchant l'adaptation de la solution aux circonstances (pas d'information, cloisonnement) ;
10. le refus d'une remise en cause en fonction du feed-back ou du résultat ;
11. enfin et peut-être surtout (nous pensons ici plus particulièrement aux PME, car c'est ce que nous y entendons le plus souvent), le manque de temps, réel ou excuse absolutoire pour *ne pas* se donner celui de chercher d'*autres* solutions. Notons que, dans des structures plus grandes en général, le soi-disant manque de temps n'est souvent que la conséquence de l'impatience caractéristique des plus radicaux des hommes d'organisation face aux problèmes…

On mesure la difficulté de la tâche. Mais il y a pire, plus sournois et plus dangereux : l'interaction entre les membres du groupe peut en effet générer des comportements aberrants bien connus en psychosociologie, comme le phénomène du *groupthink* et le paradoxe d'Abilene.

Le phénomène du « groupthink *»*

Le groupe est composé d'éléments brillants qui se font trop confiance mutuellement, ou privilégient le consensus, ou sacrifient la qualité de la décision à la cohésion du groupe, à sa bonne entente, à la solidarité. Résultat fréquent : un désastre.

Le mot « groupthink » (pensée de groupe), a été forgé par Irving Janis sur le modèle du « DoubleThink » d'Orwell, dans son analyse du fiasco du débarquement de forces anticastristes dans la baie des Cochons à Cuba en avril 1961, décidé par Kennedy et son état-major, les esprits, nous dit l'auteur, les plus brillants des États-Unis – *The Best and the Brightest*, pour reprendre le titre d'un livre de David Halberstein qui vaut son pesant d'ironie. Il était évident pour le moins averti des observateurs que ce projet était voué à l'échec. Sous-estimation de l'adversaire, auto-intoxication, présomption, c'en fut un, sanglant. Kennedy et son équipe sauront d'ailleurs en tirer les leçons pour mener de main de maître la crise des missiles un peu plus d'un an plus tard, en octobre 1962, face à un Khrouchtchev menaçant et roublard. « Pas deux fois »...

Le paradoxe d'Abilene

C'est le titre d'un brillant article de Jerry Harvey, paru en 1974 dans *Organizational Dynamics* [1], devenu celui d'un livre et la formule qui désigne un processus psychologique pervers au sein d'un groupe.

Le groupe prend une décision consensuelle qui ne convient à personne. C'est le consensus *mou*, par opposition au consensus *dur* du type « consensus néerlandais », fruit d'une discussion intelligente, et éventuellement âpre, tel qu'il a été analysé par Philippe d'Iribarne dans sa *Logique de l'honneur*. Soit dit en passant, une telle règle du jeu, familière aux Bataves, qui admet avec réalisme le frottement des pour et des contre, et impose de ne sortir que quand on est d'accord, est presque aussi éloignée de la culture française du mou que le « *ringi-sho* » japonais, plus feutré, où tout le monde participe à la décision, de ce fait très longue à prendre, mais qui, quand elle est prise, est appliquée immédiatement.

Un couple et les parents de la femme, qui, par un mois de juillet torride, s'ennuient ferme un dimanche après-midi à Coleman, un bled du Texas, et ne trouvent rien d'autre à faire que jouer aux dominos sous un grand ventilateur, se décident finalement, sur la proposition de l'un d'entre eux, à aller manger quelque chose en ville à la cafeteria d'Abilene, à une centaine de kilomètres de là, dans une vieille Buick

1. Texte intégral sur le net : *http://www.midwest-facilitators.net/downloads/abilene_paradox.pdf.*

non-climatisée. Tempête de sable. Mauvaise nourriture. Inconfort général, retour pénible, mauvaise humeur générale, scènes. Ils découvrent alors qu'*aucun* d'entre eux ne voulait aller à Abilene, mais que chacun d'entre eux *croyait* que les autres voulaient y aller, et se reprochent tous mutuellement de ne pas l'avoir dit plus tôt. La solution n'était consensuelle qu'en apparence, et ne convenait en fait à personne.

Tout ça pour ne pas déplaire, et non pas par conformisme, comme dans le *group-think*, mais par crainte de frictions. Disons-le : par lâcheté.

Sur le phénomène des décisions absurdes, un livre est venu récemment, tant par les cas analysés que par ses conclusions théoriques, nous éclairer.

Les décisions absurdes

Le livre de Christian Morel, directeur des ressources humaines de la division Véhicules Utilitaires de Renault et sociologue, *Les décisions absurdes*, rejoint les analyses de Barbara Tuchman dans *La Marche Folle de l'Histoire, De la guerre de Troie au Vietnam* – avec en couverture le sous-titre suivant : *Le triomphe de la sottise et de l'aveuglement des hommes de pouvoir* –, ou celles d'Alain Peyreffitte dans *Le Mal français* sur l'« effet serendip » défini (par Peyreffitte) comme « ce qui fait que tout arrive à l'envers » (et qu'il ne faut absolument pas confondre avec la sérendipité, bien que l'origine soit la même).

L'auteur étudie minutieusement des situations catastrophiques, fruits d'erreurs radicales et persistantes, dont les responsables ont agi avec constance *contre* le but qu'ils se sont donné.

Les cas retenus (de la navette Challenger à une aberration totale approuvée par une copropriété en passant par les erreurs incompréhensibles de pilotage d'un avion de ligne ou de deux pétroliers qui, tout en anticipant leur croisement, finissent par entrer en collision), sont analysés sous trois angles :

- l'interprétation cognitive qui met en évidence des erreurs élémentaires de raisonnement ;
- l'explication collective révélant des systèmes d'interactions qui enferment les acteurs dans un calcul aberrant ;
- l'explication téléologique, qui montre la perte du sens à différentes étapes de l'action : en « gérant les finalités », on s'éloigne du but qu'on s'est fixé.

Si on admet qu'une action peut se justifier par un système de valeurs, par un processus d'autolégitimation, ou par une approche pragmatique qui vérifie pas à pas, et ajuste si nécessaire, sa conformité au but, on voit ainsi comment, dans les exemples décrits, ces trois formes de rationalité se brouillent jusqu'à l'absurde.

La condition *sine qua non* : l'adhésion active de tous

Comme il l'est à la stratégie, l'examen des causes d'échec est un préalable à l'intelligence créative en équipe.

Il ne doit pas décourager, mais au contraire motiver en montrant que toutes ces difficultés peuvent être surmontées par le bon sens et la lucidité.

Quelles sont maintenant, à l'inverse, les conditions d'une bonne décison créative en équipe et de son efficacité opérationnelle ?

Quand on a à prendre une décision de type IV (case en haut à droite du tableau précédent présentant les quatre types de processus de décision), la tentation est très grande d'imaginer *d'abord* une solution (supposée bonne) et de chercher à y faire adhérer ses collaborateurs *ensuite* (ce que préconise sous le chapeau *« Building acceptance »* – « faire accepter la solution » –, et sans se poser de question, la très officielle méthode du Creative Problem Solving Group de Buffalo), alors qu'en fait, la démarche efficace consiste à faire d'abord participer ses collaborateurs (qui deviennent du même coup des *co-opérateurs*) à la recherche de la bonne solution, *l'adhésion provenant dès lors de la participation même à cette recherche*. C'est ce qui fait toute la différence entre deux styles opposés de management des hommes : celui qui cherchant à faire adhérer ceux-ci de façon *passive* (forcée), doit co-ordonner (et dans co-ordonner, il y a l'idée de donner des ordres) les actions pour obtenir rapidement une *collaboration* ; et celui qui cherche à les faire adhérer de façon *active*, ce qui entraîne une *co-opération*, processus évidemment plus lent, au moins pour la mise en route, et donc mal vécu par les gens d'organisation, qui préfèrent nettement la première démarche.

Supposons donc maintenant une équipe telle qu'elle est définie plus haut, ayant un bon niveau de cohésion, c'est-à-dire réunissant les compétences techniques nécessaires (sans les dérives psychopathologiques potentiellement associées à certaines compétences), dont les membres ne sont pas entraînés dans un conflit relationnel fratricide, et manifestent une volonté de coopération des intelligences.

La cohésion de l'équipe sera ensuite créée par l'adhésion collective au challenge.

C'est à ces conditions qu'auront le plus de chances d'être obtenues l'efficacité opérationnelle objective de la solution adoptée (la capacité de solutionnement du « problème »), la créativité (originalité de cette solution, imagination, nouveauté, surprise), et peut-être, pourquoi pas, en prime, la rapidité.

La formule magique de l'efficacité en équipe : E = Q × A

Revenons une dernière fois sur la matrice présentant les quatre types de processus de décision. Elle accepte une autre lecture que celle que nous en avions faite plus haut.

Tout ce qui vient d'être dit tient dans la formule magique E = Q × A, dans laquelle « E » est l'efficacité de l'action, « Q » la qualité de la solution ou de la décision, et « A » l'adhésion des acteurs concourant à leur mise en œuvre.

Notons que cette efficacité est bien le produit, le résultat, au sens mathématique du terme, de la multiplication (et non de l'addition) de la qualité de la solution choisie par l'adhésion à cette solution. Si l'un des deux termes est faible ou nul, le produit est faible ou nul. Et, à tout prendre, mieux vaut une solution imparfaite bien acceptée par tous qu'une solution parfaite qui ne fait pas l'adhésion. Le produit, le résultat, l'efficacité en seront plus élevés.

Résultat de la multiplication de la qualité de l'idée par l'adhésion de l'équipe

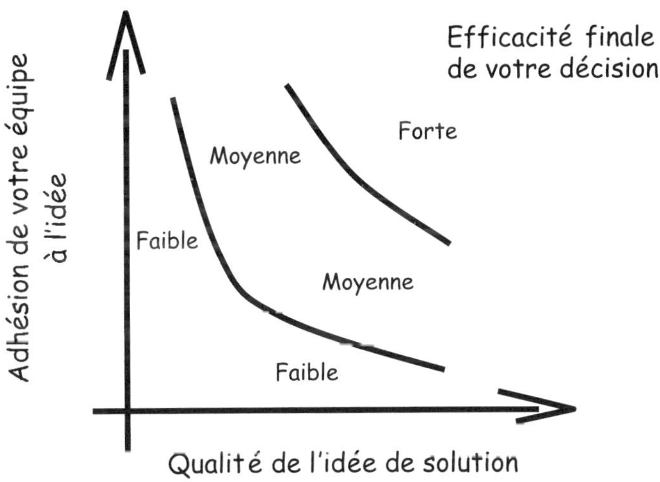

Une solution à laquelle votre équipe ne croit pas vraiment, fût-elle de qualité, ne sera pas efficacement mise en œuvre.

Une méthodologie créative chassant deux lièvres à la fois : des solutions créatives *et* l'adhésion de tous à celles-ci, est-elle alors possible ?

Et comment l'appeler pour bien faire la différence avec le brainstorming remue-méninges ? Edward de Bono a longtemps cherché un mot pour remplacer *« brainstorming »*. Il a même proposé, en 1992, un curieux *brain-sailing* pour désigner une démarche qui consiste à naviguer d'une idée à l'autre, pour (nous citons)

« évoquer un processus de navigation maîtrisé par lequel, comme le skipper d'un voilier, nous pouvons changer de cap au lieu de nous laisser emporter par la tempête [1] » avec toujours la même idée tenace (même chez les anglophones...) que dans brainstorming il y a *storm* (substantif), la tempête.

Pour désigner à la fois le processus et la ou les réunion(s) au cours de laquelle ou desquelles une équipe motivée s'attaque à un challenge partagé, nous proposons pour notre part le néologisme *challenge-storming* (méthode d'*attaque* d'un challenge, voir plus loin l'étape 5 de la méthode), qui nous paraît motivant et clair si l'on veut bien admettre que « to storm », le verbe (dont « storming » est la forme progressive), veut dire, répétons-le, « prendre d'assaut », comme dans *The Storming of the Bastille*.

1. *La Boîte à outils de la créativité*, p. 18.

Chapitre 6

Les conditions à remplir avant de pouvoir résoudre efficacement des problèmes en équipe : des règles, un climat

Avant toute chose, l'éclosion de l'intelligence créative en équipe et son *adhésion* ensuite à la meilleure solution possible impliquent au départ un certain nombre de conditions, structurelles, morales et cognitives.

Ne pas en respecter une, c'est affronter le challenge avec un bras dans le dos. C'est en faire un problème, peut-être *le* problème…

Les conditions préalables

1. Une équipe restreinte

Si vous voulez avoir une équipe créative, mieux vaut ne pas être moins de 5, et pas beaucoup plus de 11. L'optimum est 7.

Il y a là une loi de base de la psychosociologie, qui est à la communication interpersonnelle au sein d'un groupe ce qu'est le théorème de Pythagore au triangle rectangle : le nombre de relations interpersonnelles *à gérer* entre les membres d'un groupe est déterminé par la formule simple n (n – 1) / 2, où n est le nombre de membres de l'équipe.

Exemples :

- une équipe de cinq personnes aura à gérer 5 x 4 (cinq moins un) = 20 / 2 = 10 relations ;
- une équipe de onze personnes aura à gérer 11 x 10 (onze moins un) = 110 / 2 = 55 relations, si l'on veut que tout le monde participe en bénéficiant de l'information de tous les autres.

Cette loi explique que le minimum en sport collectif est de cinq joueurs (le basket) et le maximum 15 (le rugby). En-dessous, le jeu est trop pauvre. Au-dessus, il est ingérable.

Elle explique aussi pourquoi en régates, les équipages ne sont jamais plus de quinze, seize.

Elle explique aussi pourquoi la formation de base de jazz pure et dure est le quintet, pourquoi un orchestre de chambre peut jouer sans chef d'orchestre jusqu'à environ quinze musiciens, etc.

Le nombre maximum pour travailler autour d'une table, chacun pouvant échanger avec tous, est 6 (et la table doit être ronde).

Vous voulez une équipe créative. Soyez 6 ou 7. Vous êtes plus de 11 : pensez à la scinder en deux.

Ce sont les équipes de six à huit qui fonctionnent le mieux. Pensez aux Sept Samouraïs (ou Mercenaires)...

2. Une diversité de compétences et de tempéraments : des gens d'organisation et des gens d'imagination

Si vous voulez penser autrement, *out of the box*, latéralement, comme dit de Bono, il vous faut des gens qui ont une *autre* formation que vous et qui, à côté de votre expertise, vous en apportent une autre.

Face au changement, une certaine diversité de tempéraments est créativement vitale. Pas d'équipe uniquement constituée de conservateurs, ni à l'inverse de révolutionaires.

Faites passer un MBTI, ce test de personnalité (décisionnelle) que nous avons présenté au chapitre 2 comme un des outils permettant de comprendre les causes organisationnelles du manque d'intelligence créative dans les entreprises.

Y a-t-il bien dans votre équipe un juste équilibre entre gens d'organisation et gens d'imagination, avec acceptation réciproque des uns par les autres ? Et sinon, pourquoi ?

3. Au sein de l'équipe, des relations de pouvoir normalisées (ou acceptées)

Vous ne devez jamais laisser un conflit de personnes mettre en cause leur coopérativité au sein de l'équipe – et d'ailleurs plus généralement de l'entreprise.

Vous devez toujours désamorcer les conflits relationnels.

L'outil le plus connu d'évaluation de la coopérativité (*cooperativeness*) – cette volonté, *qui ne se commande pas*, de vouloir travailler ensemble – est le TKI, le

Thomas-Kilmann Inventory [1] qui nécessite, pour bien le comprendre, que l'on traduise *cooperativeness* par « esprit de collaboration » et *collaboration* par « coopérativité ». Il évalue l'attitude de chacun vis-à-vis des autres en fonction de deux dimensions : l'affirmation de soi (*assertiveness*) et l'esprit de collaboration (*cooperativeness*), ce qui amène à distinguer au sein de l'équipe 5 attitudes possibles :

- l'évitement, où certains (voire tous) cherchent à gagner du temps ;
- la compétition interne, où certains (voire tous) cherchent à gagner au détriment des autres ;
- l'effacement, où certains (voire tous) laissent faire ;
- le compromis, où certains (voire tous) cherchent à trouver un terrain d'entente ;
- la coopérativité, où certains (voire tous) cherchent à faire gagner les autres (échange total).

4. Des valeurs de base sur lesquelles on peut s'entendre

Avez-vous défini explicitement les quelques valeurs de base simples, les grands principes d'action, que vous demandez à chacun de respecter ?

Toujours préciser les contraintes, les valeurs et les critères de choix partagés entre les idées de solution trouvées. Toujours évaluer et hiérarchiser collectivement les idées de solution alternative en fonction de ces critères.

5. L'acceptation réciproque des gens d'organisation et des gens d'imagination

Une telle acceptation entraîne des sacrifices pour des tempéraments que presque tout oppose comme nous l'avons vu au chapitre 2 dans le tableau présentant les grands points de cette opposition.

Pour les gens d'organisation, les gens d'imagination sont brouillons, pas logiques, ils passent d'une idée à l'autre, ne finissent jamais ce qu'ils ont commencé, ne sont pas fiables, etc. Ce n'est pas faux, mais les hommes d'organisation doivent comprendre que ces défauts sont le prix à payer pour leur curiosité incessante, leur remise en cause permanente, leurs *idées*.

Pour les gens d'imagination, les gens d'organisation sont rigides, manquent d'imagination, n'aiment pas prendre de risque, etc. Là encore ce n'est pas faux, mais

1. Voir : *http://www.geocities.com/Athens/Forum/1650/qconflict.html*. Il est par ailleurs distribué par CPP (*www.cpp.com*) sur le site desquels on trouvera une présentation exhaustive de cet outil.

les gens d'imagination doivent comprendre que ces défauts sont le prix à payer pour leur sens de l'organisation et leur capacité à réaliser leurs idées.

Un climat

Ensuite un climat, quelques règles de base, des principes d'action que l'on retrouvera dans la méthode :

- Toujours savoir ce que *tous* veulent…
  ou ce que le client cherche – et se mettre d'accord sur le degré de difficulté accepté par tous, le challenge.
- Toujours bien faire prendre conscience à tous les membres de l'équipe des difficultés, et des obstacles, des opposants et des enjeux à partager.
- Toujours se fixer un nombre minimum d'idées de solutions.
  Rappelez-vous que la première idée n'est pratiquement jamais la bonne.
- Toujours s'obliger, et obliger chacun, à trouver quelque chose de bon dans chacune des idées de solution proposées par chacun des autres membres de l'équipe.
- Toujours avoir mis en place les conditions de l'agilité et de la souplesse dans l'action
- Toujours mettre en œuvre immédiatement une solution concrète
  et la reprendre pour l'améliorer en fonction du feedback.

La tension créative, base de la motivation

Ces conditions (pas toujours faciles) remplies, l'équipe doit nécessairement être mise sous tension créative (une bonne tension, un bon stress [1]) pour produire de façon *continue* de bonnes idées.

Faisant face :

- à un obstacle, le nœud gordien qui l'empêche d'atteindre facilement ce but ou le rend *logiquement* impossible (c'est l'imbroglio symbolisant le *« mess »*, ou « merdier », du Creative Problem Solving) ;

1. Certains psychologues parlent d'« eustress », comme on parle d'euphorie. C'est la recherche d'une *bonne* dose d'adrédaline, du « *flow* » exaltant mis en lumière par Mihaly Csikszentmihalyi.

- à un challenge, écart entre le cours normal des choses et le but visé ;
- à des limites et des contraintes qui empêchent de proposer ou d'envisager certaines solutions ;
- à des solutions non créatives (comme une baisse de prix),

elle a un but commun, une ambition, la volonté de faire bouger les choses, d'en *infléchir* le cours normal ou apparemment inéluctable.

Il lui faut parvenir à la vision d'une idée de solution, d'une possibilité d'atteindre le but malgré les difficultés, vision qui donne le courage de s'attaquer au problème : une voie, un chemin, symbolisé par une flèche *courbe*, car le chemin direct n'existe pas – un saut créatif, des solutions créatives (percées, *breakthroughs*) qui lèvent les obstacles.

Le paradigme de la tension créative

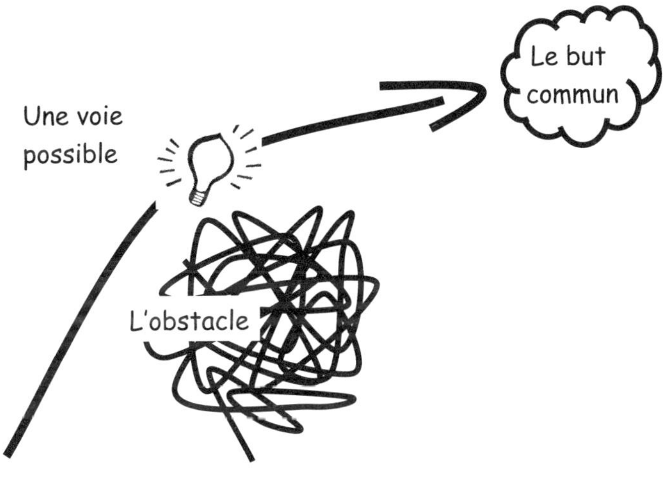

Un but commun qu'il est impossible atteindre directement,
empêché que l'on en est par un obstacle. L'idée, c'est celle d'une voie possible
qui permet de sauter par-dessus, le saut créatif.

Qu'est-ce qui empêche une équipe de devenir plus créative qu'elle ne l'est ?

Vous avez une équipe qui ne veut rien savoir ?

Lou Gerstner a réussi à faire danser un éléphant de 300 000 hommes (IBM) [1]. Qu'est-ce qui vous empèche de faire danser votre équipe de quelques personnes ?

Non pas pour le plaisir de les faire danser, mais pour qu'ils vous aident – pour paraphraser le maréchal Montgomery face à Rommel en Égypte – « à faire danser vos concurrents sur votre propre musique. »

C'est cette vision d'une voie qui va vraiment solliciter l'intelligence créative collective.

S'il y a une voie, il y en a d'autres. En dépit des obstacles, elles doivent être cherchées et trouvées.

Là est le *vrai* problème, à attaquer tous ensemble. Pour le résoudre, transformez-le en *challenge*. Fixez-vous un *délai*. À résoudre pour la fin du mois par exemple. Vous l'avez compris : ce n'est pas tant un problème bien posé qui est à moitié résolu, comme on le dit toujours, c'est un *problème transformé en challenge et auquel on s'attaque tous ensemble* qui est aux *trois quarts* résolu.

Gung Ho ! [2]

---

1. *J'ai fait danser un éléphant. L'ancien président d'IBM raconte la renaissance de Big Blue*, Village Mondial, 2003.

2. En chinois : « Tous ensemble ! ». C'était le cri de guerre des commandos stratégiques d'un charismatique général des Marines, Carlson, dans le Pacifique, à Guadalcanal. C'est aussi le titre d'un film (une comédie) mais surtout d'un livre et d'un séminaire de Ken Blanchard, le célèbre inventeur du « Manager Minute ».

Troisième partie

AU-DELÀ DU BRAINSTORMING

Introduction

Quatre problèmes pour commencer

Vous avez besoin d'idées (de solutions) efficaces et originales, vite et de façon continue.

Vous avez donc besoin d'une équipe soudée, formée de gens aux talents et aux compétences divers – pas des génies, des gens normaux, de la maison, partageant un but qu'ils se sont fixé et qui vont développer un QIC collectif supérieur à celui de chacun d'entre eux.

Avant de passer à la méthode du challenge-storming proprement dite, nous vous proposons quatre exercices utilisés dans nos séminaires, sur chacun desquels nous reviendrons, au cours de l'exposé, sous des éclairages différents (rassurez-vous, nous vous en donnerons les réponses…).

Le problème du carré constitue notre test d'évaluation du Quotient d'Intelligence Créative (QIC).

Le problème du carré : un test d'évaluation de QIC (Quotient d'Intelligence Créative) individuel et collectif

Énoncé : combien voyez-vous de façons de diviser un carré en quatre parties égales et strictement superposables ?

Rappelons que l'intelligence *créative* est la capacité à trouver vite et de façon répétée plusieurs solutions *originales* à des problèmes pratiques. Plus on trouve de solutions *originales*, plus on est intelligemment créatif. L'*originalité* d'une solution est mesurée très simplement par la proportion de personnes participant à la recherche d'une solution qui n'y ont pas pensé (par exemple : 11 membres de l'équipe sur 12 ; ou bien 10 sur 12 ; ou bien 9 sur 12, ce qui ramené en pourcentage nous donne des taux d'originalté de 92 %, 83 % et 75 %).

Le test que nous proposons permet d'évaluer le Quotient d'Intelligence Créative d'un individu et d'une équipe, sur une échelle semblable à celle du QI : de 50 à 150 environ. Il a été étalonné par un psychologue professionnel sur des échantillons représentatifs de managers de grandes et de petites d'entreprises, d'étudiants de MBA en alternance, et, pour les plus bas QIC, de jeunes enfants.

Trouver ces deux solutions de base correspond à un Quotient d'Intelligence Créative d'environ 40 :

Deux solutions de base au problème du carré

Le taux moyen d'originalité de ces deux solutions est de 5 %.
C'est-dire que 95 % de managers y pensent et que 5 % seulement n'y pensent pas.

Trouver ces deux autres solutions (qui, pour certains, n'en font qu'une), correspond à un QIC d'environ 60 :

Deux autres solutions statistiquement moins banales

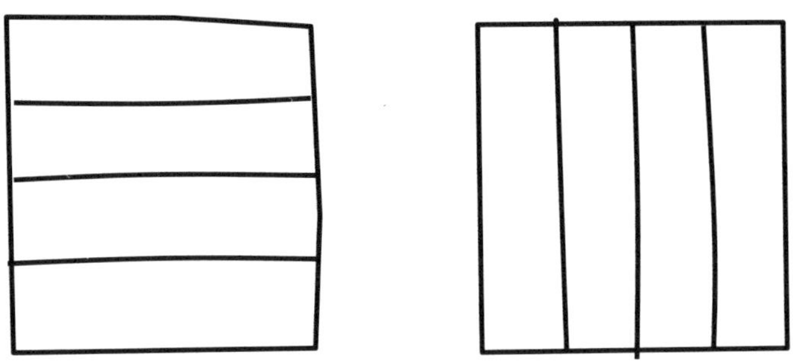

Ces deux solutions, un peu plus originales (environ la moitié des gens n'y pensent pas) n'en sont qu'une pour certains, bien que curieusement 50 % pensent à celle de gauche, contre seulement 40 % à celle de droite.

Combien en voyez-vous d'autres ?

Ce problème est posé dans les bons recueils de puzzles, avec une formulation différente de celle que nous donnons. Attention, aussi surprenant que cela paraisse, beaucoup de gens ne comprennent pas tout de suite la question, qui doit être reformulée (« En combien de *manières* différentes peut-on *diviser* puis *découper* un carré en quatre parties *égales*, strictement superposables, de même forme et même surface ? »).

Pour que ce test vous apprenne vraiment quelque chose sur la capacité créative d'une équipe, et sur le processus psycho-socio-cognitif *magique* – Mihaly Csikszentmihalyi [1] préfère, quant à lui, dire « *flow* » – qui va faire accéder certains de ses membres à un QIC triple de leur QIC individuel au départ, vous devez procéder de la façon suivante : après avoir distribué des feuilles blanches et pris les dispositions élémentaires pour éviter le copiage (involontaire), vous faites passer le test en trois étapes :

1. en individuel sous stress (avec contrainte de temps, deux minutes, vous ramassez les réponses – qui resteront confidentielles – et les mettez de côté). ;

2. en individuel sans contrainte de temps, mais avec la sélection de la meilleure des solutions (quelle est pour vous la plus originale, la plus efficace et la plus esthétique, et pourquoi ?). Chacun doit trouver ses idées sans regarder celles des autres. Comme il n'y a aucune astuce volontaire ou cachée dans cet énoncé, assurez-vous qu'il est bien compris. On doit utiliser tout le carré, il ne doit pas y avoir de chutes, etc. Vous pouvez même donner des exemples de mauvaises réponses ou de réponses qui ne correspondent pas au problème. L'idée est que chacun, seul, donne maintenant le meilleur de lui-même. Laissez tout le temps à chacun, mais ne craignez rien : au bout de cinq à dix minutes, même les meilleurs seront à court d'idées. À ce moment-là, vous arrêtez la réflexion et demandez à chacun :

1. de dire publiquement combien il y a de façons de diviser un carré en quatre parties égales ;
2. de montrer à tous celle(s) qu'il ou elle a trouvée(s) ;
3. de dire celle qu'il ou elle préfère ;
4. et pourquoi (c'est-à-dire d'indiquer son ou ses critères de préférence ou de choix).

3. en petite équipe sans contrainte de temps, vous montrez les réponses de tous à tous, vous regroupez les membres de votre équipe par mini-équipes de deux ou trois et vous reposez la question, sans limite de temps, en les mettant en compétition.

1. Une finalité peut maintenant être formulée en fonction de critères-client (par exemple concevoir un logo selon un cahier des charges, celui d'une entreprise de découpe par électro-érosion à fil qui cherche un motif de découpe symbolisant la synergie de ses quatre départements, son dynamisme, son savoir-faire technique sur des blocs de titane de 40 cm d'épaisseur, etc.).

1. Mihaly Csikszentmihalyi ; *Flow. The Psychology of Optimal Experience*, Harper Collins, 1991.

2. Chaque mini-équipe connaît maintenant l'ensemble des solutions connues.
3. Ils définissent et hiérarchisent leur critères de choix.
4. Ils trouvent d'autres solutions que celles déjà trouvées.
5. Ils disent celle qu'ils proposent au client (l'entreprise, la PME) parmi toutes celles qu'ils ont trouvées et pourquoi.

Anticipons sur le « corrigé » (voir étape 5 de la méthode) : il est courant de voir des mini-équipes trouver une douzaine de solutions différentes, triplant ainsi le QIC de l'équipe au complet – pensez à votre segment de marché, à vos clients et à vos concurrents, et demandez-vous si ça ne vaut pas la peine d'essayer…

Le nombre de solutions au problème du carré risque de vous surprendre.

Dans l'état actuel de notre expérience et de tous les dépouillements [1] de ce test effectués depuis trois ans, il existe environ *deux douzaines de façons radicalement différentes* de le résoudre.

Les trouver toutes tout seul conduirait à avoir un QIC d'environ 180 – pour faire un parallèle avec le QI estimé de Goethe. Nous avons été aidés…

Si l'intelligence créative est la capacité à imaginer des solutions radicalement différentes, notre étalonnage nous conduit ainsi à l'échelle suivante :

- 2 ou 3 solutions (idées de base) : QIC = 50-60
- 4 à 5 solutions : QIC = 90 à 110
- 5 à 6 solutions : QIC = 120
- 6 à 7 solutions : QIC = 130
- Plus de 8 solutions : QIC = 140-150

(À titre de comparaison, un QI de 130 permet de faire partie de Mensa, le club des gens *intelligents*.)

Comme nous l'avons déjà vu, il est extrêmement fréquent de trouver dans des équipes des gens qui, en individuel et sous stress, ne trouvent pas plus de *trois* solutions, et qui, en équipe, débloqués, contribuent à un résultat final de *neuf* à *dix* solutions.

Ils ont tout simplement *triplé* leur Quotient d'Intelligence Créative et s'aperçoivent alors que le vrai problème n'est pas de trouver des solutions, mais de choisir ensemble, entre toutes celles que l'équipe a trouvées, la bonne, la solution gagnante, concurrentielle, stratégique.

---

1. Pour faciliter le dépouillement des réponses, leur visualisation, etc., vous trouverez sur le site *www.intelligence-creative.com* toute une palette de documents formatés qu'il vous suffira de transparenter ou d'utiliser sur votre portable en format PowerPoint.

Le problème des quatre arbres

Redécouvert au début des années quatre-vingts par David Perkins – celui du Project Zéro de Harvard [1] au sein duquel Howard Gardner a mis sur pied sa théorie des intelligences multiples – ce vieux problème est repris depuis dans la plupart des séminaires dits de créativité. Nous le présenterons ici comme un pur exercice d'imagination :

> Comment planter quatre arbres de façon qu'ils soient chacun à égale distance les uns des autres ?

Attention, il s'agit bien de faire en sorte que *chaque* arbre soit à la même distance de *chacun* des trois autres. La géométrie plane est évidemment un piège, dans lequel beaucoup tombent d'entrée allègrement.

Le problème des deux cordes

Nous l'avons présenté au début du chapitre 3. Voyez-vous une autre solution ?

Le problème d'Archimède

Nous l'avons présenté au chapitre 2 en montrant que la solution présentée habituellement ne marche pas et en en donnant une qui marche.

Voyez-vous d'autres façons de le résoudre ?

1. Voir : *http://www.pz.harvard.edu/*.

Chapitre 7

Les sept étapes de la méthode

Le QIC (Quotient d'Intelligence Créative) de votre équipe multiplié par 2 ou 3

Votre *challenge* : faire atteindre à votre équipe un QIC (Quotient d'Intelligence Créative) collectif d'environ 150. C'est possible – à condition de respecter les sept étapes incontournables d'un coaching créatif de votre équipe :

D'une part les cinq conditions préalables que nous avons vues au chapitre 6 :

- une équipe restreinte, de cinq à onze membres ;
- des relations de pouvoir normalisées (ou acceptées) ;
- des valeurs de base sur lesquelles on peut s'entendre ;
- une diversité cognitive suffisante, mais raisonnable ;
- l'acceptation réciproque des gens d'organisation et des gens d'imagination.

Ces conditions étant supposées remplies, attaquons-nous aux sept étapes idéatives (processus de production d'idées) incontournables de l'intelligence créative (ou de la créativité intelligente).

Le cercle vertueux : le second paradoxe de la créativité

Nous avons signalé au chapitre 5 le paradoxe premier, vicieux, de l'intelligence créative en équipe : il n'est pas raisonnablement possible à un individu de trouver seul et en permanence les *bonnes* solutions dans le cours du destin collectif d'une organisation, or non seulement plusieurs personnes ensemble ne sont pas *a priori* (au départ) plus intelligemment créatives qu'une seule, mais encore plusieurs personnes ensemble, en l'absence de méthode, pourront très bien prendre de *mauvaises* décisions.

Mais voici la bonne nouvelle : il y a un second paradoxe de l'intelligence créative (et gagnante) qui crée, lui, un cercle vertueux, une spirale du succès : *pour être créative, l'équipe a besoin d'un minimum de cohésion, or la recherche de solutions créatives, le fait de vouloir relever un challenge, crée une cohésion d'équipe.*

Les sept étapes (incontournables) du management de l'intelligence créative d'une équipe dont l'objectif est de multiplier son QIC (quotient d'intelligence créative) par 2 et parfois 3, sont les suivantes :

Étape 1. S'attaquer à un problème partagé

Toujours identifier précisément ce que nous *voulons tous* et ce qui nous empêche de l'atteindre. Ou ce dont l'équipe *ne veut plus* – ou ce dont le client *ne veut plus.*

Étape 2. Faire un inventaire exhaustif des solutions existantes

Toujours en connaître au moins 80 %.

Étape 3. Formaliser et hiérarchiser les critères partagés d'évaluation et de sélection

Toujours préciser *à l'avance* les valeurs ou critères de choix (ou de sélection) partagés entre les différentes idées de base qui seront générées au cours du *challenge-storming* (et éventuellement les contraintes).

Étape 4. Créer la motivation d'un challenge partagé

Toujours créer un challenge « stretch » et une tension créative partagés et d'un niveau de difficulté accepté par tous.

Étape 5. Trouver au moins trois bonnes solutions alternatives – sinon rien

Toujours (se) fixer un nombre minimum de solutions alternatives ou de possibilités d'action ou de stratégies à trouver. Au moins trois.

Étape 6. Choisir en équipe la meilleure des idées de solution possibles

Pour en faire une solution *partagée.*

Étape 7. Mettre en place une délégation créative et entretenir une tension créative

Être créatif dans la mise en œuvre : agilité, résilience, pugnacité, acceptation du changement.

Notez que les points 5 et 6 constituent le *challenge-storming* proprement dit.

Attention, cette méthode est excitante mais contraignante : sauter ou omettre une de ces sept étapes compromet presque fatalement le résultat final.

Rappelons l'étymologie de « méthode » : *meta odos*, chemin qui mène loin…

Étape 1. Où est le problème ? L'identification de la difficulté clé et son appropriation collective

« Un problème bien posé est à moitié résolu » : ce lieu commun est dû à John Dewey (1859-1952), célèbre philosophe et pédagogue américain, auteur de la première réflexion sérieuse sur la résolution de problème et sa pédagogie à l'école dans son *How We Think*. La formule sera reprise par Charles Kettering (1876-1958), ingénieur, vice-président pour la recherche et le développement de la General Motors et inventeur prolifique (140 brevets dont le démarreur électrique, la peinture cellulosique qui permettra de peindre enfin les automobiles dans une autre couleur que le noir, etc.), par Bergson (1859-1941), philosophe, et par Einstein (1879-1955) physicien (en physique *théorique*).

La formule est séduisante. Si en effet nous posons mal un problème, il n'est pas résolu du tout, puisque ce n'est pas le problème. Il ne nous reste donc plus qu'à bien le poser. Hélas, si c'est peut-être possible en philosophie et en physique théorique, c'est en revanche très difficile et même parfois impossible dans les problèmes *pratiques* rencontrés dans les organisations. *Bien poser le problème est le principal problème de la résolution de problème pratique.* Alors que 5 des étapes de la méthodologie que nous proposons sont plus ou moins modélisables (les étapes 2 à 6), la première et la dernière (l'étape 7, Entretenir la tension créative) ne le sont pas : elles relèvent de l'art, celui, un, de bien poser les problèmes et, deux, d'empêcher le découragement, la démobilisation de l'équipe face aux difficultés récurrentes.

Prenons l'invention de la lampe à incandescence par Thomas Edison (1847-1931). Le problème était bien posé : trouver un filament qui dure. Edison essaya 6 000 matériaux (du laurier, du buis, du bambou, du cèdre, du lin, etc.) pour trouver par hasard, alors qu'il pensait à autre chose, mais c'est une autre histoire, que c'était du coton qu'il fallait (il avait bien pensé au tungstène mais, la technologie de l'époque n'en permettait pas d'en faire des filaments). Dans son cas, un problème bien posé a demandé 99 fois plus de transpiration que de définition pour en touver la solution. Et le vrai problème d'Edison a été de lutter contre le découragement de son équipe qui n'en voyait pas la fin et pensait que c'était un problème impossible à résoudre.

Nous avons défini un problème comme étant soit une situation insatisfaisante, soit la cause de cette situation, soit l'obstacle qui empêche ou rend difficile la réalisation d'une situation psychologiquement satisfaisante.

Dans l'entreprise, un problème est un décalage entre un résultat (ce que l'on veut faire, ce que l'on doit faire) et des voies et moyens possibles et envisageables pour l'atteindre (ce que l'on peut faire, ce que l'on sait faire, ce que l'on ose faire et ce qu'on a l'autorisation de faire).

Les paramètres sont si nombreux, les obstacles dépendent tant de la volonté ou de la bonne volonté, des valeurs, du goût du risque, etc. de chacun, qu'il est très difficile de *déceler* où est le vrai problème et donc d'avoir des chances de trouver une solution qui permette à l'entreprise de sortir de ses difficultés.

Pensons à Eurotunnel, concrétisation d'un rêve vieux de deux cents ans. Une vraie et grande innovation. Et qui pourtant a un problème : de graves difficultés financières. La cause première en est pour certains le mode de financement générant des frais financiers insuppportables. Pour d'autres, c'est l'arrivée d'Easy Jet et de ses bas tarifs qui a entraîné les autres compagnies aériennes dans la guerre des prix, réduisant du même coup l'intérêt de la baisse des tarifs consentie par Eurotunnel. Pour d'autres, c'est la faiblesse du trafic *général* entre la France et le Royaume-Uni (les compagnies de ferries sont elles aussi en difficulté). Pour d'autres encore, le vrai problème était l'incompétence des dirigeants en place, analyse que ceux-ci, on se demande bien pourquoi, ne partagent absolument pas… Pour eux en effet, le vrai problème était, d'une part, le niveau des péages pour accéder au Tunnel ; et le manque de courage, d'imagination et de volonté politique des parties prenantes pour trouver des solutions. Ils ont été remplacés. Qui trouvera la solution ?

Autre exemple : la Smart, un beau pari qui a failli échouer. Quel était le problème ? Elle ne se vendait pas. Et pourquoi ? Trop chère (mais par rapport à quoi ? Elle était moins chère que les microvoitures sans permis), mal diffusée dans des tours d'exposition ruineuses et inefficaces, mal vendue par des amateurs, une confusion avec la petite Mercedes, pas assez de versions, etc. : un ensemble de problèmes *marketing* relativement classiques. Mais qu'est-ce qui empêchait de remédier à toutes ces causes de mévente ? Ou était le vrai problème ? Pour nous, dans la rencontre fortuite, puis le malentendu de départ, puis le conflit entre deux conceptions opposées : d'une part, celle du designer automobile de très grand talent Johann Tomforde qui voulait respecter un cahier des charges drastique, c'est-à-dire un véhicule ne mesurant pas plus de 1 m 50 sur 2 m 50, assurant une grande sécurité aux deux passagers et pourvu d'un espace pour ranger ses achats ; d'autre part, celle de Nicolas Hayek, horloger de génie, qui voulait lancer une grosse Swatch à quatre roues propulsée à l'énergie solaire. DaimlerChrysler résoudra le problème avec une innovation technique, la cellule de sécurité Tridion, et en faisant de la Smart une vraie voiture, une des quatre marques à part entière du groupe (non plus un concept, mais une marque avec un modèle quatre places et, en préparation, un SUV) et en la faisant construire, distribuer comme un voiture et non plus comme une montre. Le vrai problème, c'était la participation de Swatch dans le capital de la Smart [1]. Il a été résolu quand Nicolas Hayek a accepté de vendre ses parts.

Pour bien faire saisir la difficulté de déterminer où est le vrai problème, reprenons celui des deux cordes présenté au début du chapitre 3.

Le problème des deux cordes

Quel est le problème ? C'est simple, l'homme ne peut pas nouer ensemble les deux cordes. Mais où est le problème ?

Quel est le problème ?

L'homme, quand il prend une des deux cordes avec une main, ne peut pas atteindre l'autre.

Mais *où* est alors le problème (de ce problème) ? Dans le fait que la corde qu'il tient dans la main est trop courte.

Comment la *rallonger* ? Il ôte sa chemise et la noue à la corde.

Mais si l'homme est une femme qui refuse de se livrer à un strip-tease en public ?

Où est alors le problème ? Dans la pudeur de la dame, et la solution passera peut-être par un discours convaincant.

1. Le « S » de Smart est tout ce qu'il en reste aujourd'hui. Rappelons qu'après avoir failli s'appeller Swatchmobile, la Smart porte un nom qui vient de Swatch, de Mercedes et de « art ».

Mais il y a une deuxième idée de solution : balancer vigoureusement une des deux cordes, pendant qu'elle se balance aller chercher l'autre, revenir vite à la position de départ, s'emparer de la première corde qui dans son mouvement de balancier est revenue vers l'homme et les nouer. Hélas, la première corde, traînant par terre, a été freinée : quand elle repasse à la verticale, elle s'arrête. La situation est de nouveau bloquée.

Alors ? Mais c'est évident, la corde est trop longue ! Comment alors la *raccourcir* ? Il y a au moins deux solutions, assez différentes mais relativement évidentes. Mais le vrai problème peut être ailleurs. Notre cobaye n'a pas confiance en lui. Paralysé devant le public, il craque, dit qu'il n'y arrivera jamais et abandonne.... La solution est alors de l'encourager ou de le remplacer...

Un exemple pris dans la réalité, maintenant. Quatre cadres dirigeants d'une entreprise sont réunis pour parler d'un « problème très sérieux », celui de la dégradation de la marge nette sur certains des produits fabriqués [1] (ça, c'est le problème du DG).

Mais quel est le *vrai* problème ? Ou mieux, où est le problème ?

Le directeur de la logistique pense que le le *vrai* problème est la faiblesse des stocks.

Le directeur commercial pense que le *vrai* problème provient de certaines malfaçons qui entraînent des retours de livraison.

Mais il y en a un autre...

Le directeur de la qualité est tombé malade et doit se faire opérer. Il sera absent un mois. Problème : son jeune adjoint est-il à la hauteur ?

De fil en aiguille et de digression en digression, la réunion va aborder une douzaine de problèmes, le problème posé au départ, les problèmes qui, pour certains, sont la cause de ce problème, les problèmes qui en seront vite les conséquences graves, etc. :

- faiblesse des stocks ;
- problème de production ;
- mauvaise qualité des produits ;
- nouvelles méthodes de production ;
- renvoi de plusieurs articles ;
- problèmes potentiels du contrôle des normes de qualité ;
- problèmes de locaux ;
- compétitivité des coûts ;
- etc.

1. Exemple rapporté par Charles Kepner & Benjamin Tregoe.

Chacun ayant son point de vue et en changeant parfois, la réunion va se poursuivre sans que les quatre participants – pourtant tous de bonne volonté – parviennent à se mettre d'accord sur le problème à résoudre et donc à en trouver la solution.

Conclusion classique d'une conception technicienne de la résolution de problème : on ne peut pas résoudre un problème sans en connaître la cause.

Ce n'est pas tout à fait vrai : les « causes » de l'avarie survenue à Apollo 13 n'ont été connues que deux ou trois mois après son retour sur terre, ce qui montre que l'on peut très bien solutionner une situation critique sans connaître la cause du problème *technique* qui l'a provoqué ; et un problème important est rarement la conséquence d'une seule cause.

Une chose est certaine : on ne peut pas résoudre un problème sans savoir de quel problème il s'agit mais surtout *où* est le problème, ce qui empêche de lui trouver une solution ou de mettre en œuvre les solutions trouvées.

Trois outils pour aider à mieux identifier (et surtout « localiser ») le problème

Comment faire pour que la perception du problème soit la *même* pour tous ceux qui sont engagés dans sa résolution ?

Parmi les innombrables outils ou techniques « créatives », deux ou trois, qui n'ont rien de très créatif, sont plus particulièrement adaptés à la prise de conscience des enjeux d'une situation et à l'appropriation collective des obstacles et des difficultés empêchant d'atteindre les objectifs fixés :

- l'analyse du champ de force
- le diagramme des affinités
- les cartes heuristiques.

L'analyse du champ de forces

Appelée « field forces analysis » en anglais, c'est une technique donnée par les meilleurs auteurs comme une technique *créative*. En effet, elle permet de mieux cerner les composantes d'une situation et les enjeux correspondants. Elle a en outre un effet mobilisateur dont on peut espérer qu'il va rendre l'ensemble de l'équipe plus réceptif aux exigences des étapes de la méthodologie.

C'est un schéma visualisant ce que l'on a à perdre et ce que l'on a à gagner, ce qui peut empêcher et ce qui va permettre de le faire, et indiquant, par une note de 0 à 10, l'importance de chacune de ces forces :

• tout d'abord le challenge partagé, différence entre le cours normal des choses et le but commun, ce qu'on veut que les choses soient ;
puis ensuite :

• les moyens et les chances :
  – les compétences, métiers, les points forts existants, traditionnels, du passé, ceux qui ont fait notre force jusqu'ici et qui justifient notre ambition (valeur pondérée dans le schéma à 2/10) ;
  – les points forts à acquérir (soit par apprentissage interne, soit par acquisition d'une entreprise ayant le know-how, soit par alliance, soit par une combinaison de ces trois moyens) (dans notre exemple, une alliance pondérée 5) ;
  – l'opportunité qui s'offre (pondération : 2) ;
• les obstacles et les oppositions :
  – les dysfonctionnements internes (supposant un effort pour les admettre, pondération : 1).
  – les faiblesses (technologiques, organisationnelles, etc., pondération : 5)
  – la concurrence (pondération : 10).

Une analyse du champ des forces

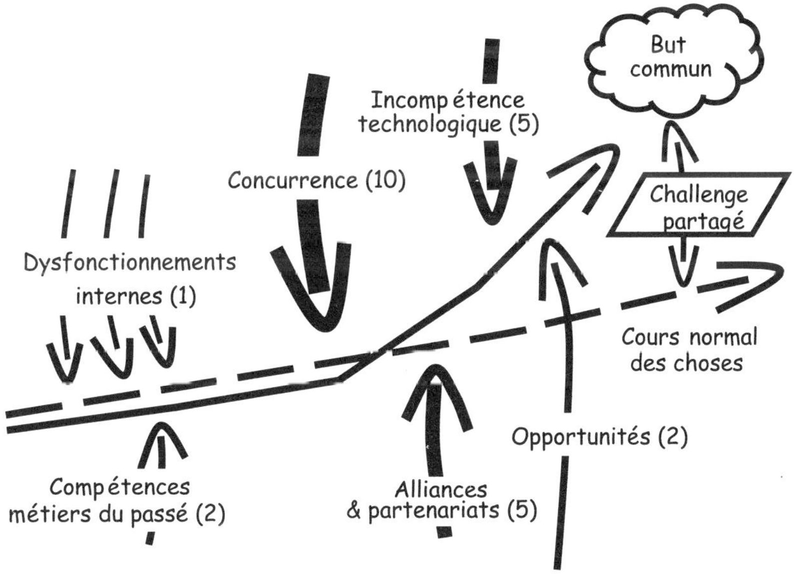

Cette analyse des champs des forces visualise les facteurs d'échecs et de réussite du challenge encore un peu flou que l'on va se fixer. Une très forte concurrence, une grande faiblesse technologique qui obligent à concrétiser les alliances et partenariats envisageables. Si l'équipe adhère au but commun, il lui faut trouver des idées pour réussir son pari.

Cette analyse semble, à première vue très proche de la fameuse analyse SWOT (*Strentgh, Weakness, Opportunity, Threat*) (Forces, Faiblesses, Opportunités, Menaces [1]), mais avec des avantages considérables :

- elle est finalisée. L'analyse est conduite en fonction du résultat à atteindre, du but commun ou du challenge partagé (alors que dans l'analyse SWOT, la stratégie résulte de l'analyse). C'est, dans un sens, une analyse de faisabilité : peut-on envisager de se lancer dans ce challenge impossible et, si oui, à quelles conditions ?
- l'ordre de prise en compte des facteurs est libre au lieu d'être stéréotypé ;
- les forces du passé sont distinctes des forces du futur ;
- les faiblesses du futur sont mises en évidence ;
- la dynamique du changement est bien visualisée.

Le diagramme des affinités

Le diagramme des affinités, souvent appelé diagramme KJ, du nom de son inventeur Jiro Kawakita (né en 1920) serait d'après un sondage dont nous disposons, la plus utilisée des méthodes « créatives ». Elle consiste à écrire avec des markers les idées de problèmes à résoudre sur de grands Post-it et à les regrouper interactivement par thèmes sur de grands panneaux ou sur les murs de la salle de réunion, cela en respectant la structure d'un organigramme.

Le Metaplan [2] (méthode allemande), le brainstorming Post-It (qui n'est pas malgré son nom un type de brainstorming puisqu'il cherche à mettre en évidence les problèmes), sont des adaptations de cette méthode que l'on trouve également dans le logiciel Decision Explorer de Banxia Software.

Les cartes heuristiques

Les cartes heuristiques, appelées aussi schémas heuristiques (du grec *heuriskein* « trouver », c'est la même racine qu'eurêka) ou encore Mind Maps, sont une méthode d'organisation des idées d'un groupe en dessinant une arborescence à partir d'une

1. L'analyse SWOT est un des outils de base de l'analyse et du diagnostic stratégique consistant à analyser d'une part les forces et les faiblesses d'une entreprise et d'autre part les opportunités qui s'offrent à elle et les menaces auxquelles elle doit se préparer à faire face. Nous conservons l'acronyme anglo-saxon car toutes les tentatives de traduction ont échoué et c'est le bon mot à entrer dans un moteur de recherche pour avoir des informations complémentaires.

2. Voir : *www.moderationstechnik.de/fr/.*

question ou d'un thème. Tony Buzan, son inventeur, parle de pensée rayonnante. On en trouvera une très bonne description sur le site *www.petillant.com*.

Vous pensez maintenant savoir enfin où est le problème. D'autres l'ont rencontré avant vous. Quelles solutions ont-elles *déjà* été trouvées ?

Étape 2. Explorer méthodiquement le maximum de solutions déjà trouvées dans le monde entier ou au moins 80 % des sources disponibles...

Chercher d'abord

Vous savez ce que vous voulez, quels résultats et quels objectifs vous voulez atteindre. Ce but est partagé par l'ensemble des membres de votre équipe et vous avez défini tous ensemble ce qui vous empêche principalement de l'atteindre, le problème principal à résoudre. Il vous reste à trouver les moyens de le faire : une *bonne solution*. Avant de chercher à l'inventer ou à l'imaginer, cherchez d'abord, puisque c'est maintenant possible avec Internet, comment ce problème a déjà été résolu par d'autres dans le monde entier,

Chercher de l'information prend du temps. Combien de temps y consacrer dans l'ensemble du processus ? Pour très bien faire, environ le tiers du temps total disponible et pas moins du quart.

Pour fixer les idées, reprenons un exercice de style auquel s'est livrée une équipe d'IDEO pour la série télévisée américaine Nightline sur la chaîne ABC. Prendre le pari de réinventer totalement le concept de chariot d'hypermarché [1], et cela en cinq jours ouvrables dont quatre dans le vase clos de leurs bureaux de Palo Alto. Une sorte d' Story...

Le challenge commence un lundi matin. La pression est forte : le contrat passé avec la chaîne spécifie que l'équipe présentera un prototype de démonstration le vendredi. *Avant* de chercher des solutions, l'équipe va passer toute la journée de lundi à collecter de l'information dans un supermarché voisin et auprès de l'entreprise de

1. Les péripéties de ce challenge sont rapportées en détail, avec l'emploi du temps, par Tom Kelley, le patron légendaire d'Ideo, dans son livre *The Art of Innovation*, Doubleday, 2001.

réparation des nombreux chariots cassés, à identifier les causes des accidents impliquant des enfants, à comprendre pourquoi tant de chariots sont volés, à écouter le point de vue du responsable des achats sur les différents modèles concurrents, à s'intéresser aux matériaux tendance dans un magasin d'articles de sport qui vend des VTT, etc. [1].

Elle ne commencera le travail de recherche d'idées proprement dit qu'*après* avoir fait la synthèse de toutes ces informations, le mardi midi, *alors que le temps presse.*

Le temps passé chez IDEO à collationner des informations sur les modèles concurrents, souvent plus innovants, les brevets, les attentes des clients, les conditions d'utilisation, etc., est d'environ le tiers du temps total disponible [2].

La règle : ne pas commencer à tenter de produire des idées originales avant, sous peine d'en produire beaucoup déjà trouvées, brevetées et déjà commercialisées ailleurs dans le monde. Ne pas commencer à imaginer de solutions sans avoir déterminé les critères de choix qui permettront de choisir entre celles qui seront trouvées – c'est d'ailleurs relativement facile : le consommateur américain a pris l'habitude de noter les produits, arguments à l'appui, sur les sites de vente en ligne tels que Amazon.com, Epinions.com, etc. (des sites français commencent à le faire), ou sur un site d'avis de consommateurs tel que Ciao ! pour l'Allemagne, l'Espagne, la France, la Grande-Bretagne et l'Italie.

Si une telle démarche est recommandée par tous les hommes d'idées (pour n'en citer qu'un seul, par James Webb Young, qui dans son « A Technique for Producing Ideas [3] », insiste bien sur le fait qu'avoir de nouvelles idées, c'est-à-dire en combiner d'anciennes, nécessite obligatoirement de suivre dans l'ordre 5 étapes dont la première est de réunir de l'information sur le produit, les produits concurrents et les clients, et de classer le tout sur des fiches 7 x 12), elle n'est, hélas, pas naturelle. Peu nombreux sont ceux qui, dans les organisations, recherchent sérieusement l'information. Beaucoup répugnent même à le faire personnellement, prétextant le manque de temps pour justifier cette aversion. C'est, nous l'avons vu, un des traits de caractère des gens d'organisation, majoritaires dans les entreprises.

---

1. Il ne manquait à leur inventaire que le Let's Go de la française Martine Losego, le chariot à motorisation électrique à deux vitesses et à pare-chocs à ressorts destiné aux handicapés, femmes enceintes, seniors et personnes à mobilité réduite, alors en cours de développement. Son invention ne sera sacrée « invention de l'année » qu'au concours Lépine 2002.

2. On trouvera la démarche présentée sur le site du Lemelson Center for Study of Invention : *www.si.edu/lemelson/centerpieces/iap/inventors_ide.html.*

3. Il s'agit d'un tout petit livre, un pur chef d'œuvre, qui date de 1939 mais qui est republié régulièrement depuis et l'a été pour la dernière fois en 2003. Voir : « Ideas are new combinations », p. 30-41.

Pour prendre une décision, ils ne parlent pas du problème, élaborent le plus vite possible une seule solution en fonction de leur expérience passée, l'adoptent si elle respecte leurs critères de choix internes et n'en changent plus, même si la situation (et donc le problème) change. Si l'expérience passée suffit pour prendre de bonnes décisions, pourquoi se renseigner avant d'en prendre une ?

Tous les gens d'innovation, tous les créateurs et inventeurs, en revanche, sont aussi, et peut-être d'abord, des maniaques de la documentation.

Léonard de Vinci et ses Codex. Thomas Edison et, au cœur de son usine à idées, son incroyable bibliothèque surdimensionnée avec des mezzanines tout autour de l'espace de lecture central sur deux étages. Les deux frères Wright qui, cherchant à résoudre un problème dont ils ignorent tout – faire voler un avion –, rassemblent, *avant* de commencer à chercher la solution, tout ce qui a été dit sur le sujet dans le monde entier. Walt Disney, collectionnant dans des boîtes à chaussure, et en deux exemplaires, *toutes* les idées qu'on lui soumettait. Jeff Hawkins, l'inventeur du Palm et d'un nouvel alphabet, Graffiti, qui, pour y parvenir, quitte Casio et reprend à trente-trois ans des études de neurophysiologie… En conclusion de son enquête sociologique sur l'origine des génies, Claude Thélot donne la source du génie, la lecture [1].

Que vous cherchiez à battre le record du monde de distance des avions en papier (58,83 m par Tony Welch) afin de vous retrouver cité dans le prestigieux *Livre Guinness des Records* entre celui de la plus haute altitude jamais atteinte par un avion à propulsion, 29 000 m, et celui du plus gros avion de ligne du monde, l'Airbus 380 [2], à créer un nouveau parfum, un nouveau tire-bouchon ou un nouveau vélo, ou à trouver des idées pour une chaussure de sport innovante ou un nouveau business-model pour votre activité, cherchez donc *au moins 80 %* des sources d'informations disponibles, selon la loi de Pareto qui veut que, dans un phénomène aléatoire comme la recherche d'information, 80 % des résultats sont produits au début par 20 % des efforts, et qu'ensuite le rendement ne fait que décroître.

La recherche d'information, c'est de l'*intelligence* (au sens anglais du mot), donc du temps. Moins de temps, de toute façon, que le temps perdu à réinventer ce qui a déjà été inventé. Ce qui n'empêche pas de s'en inspirer. Soyez logique : si avoir des idées, c'est en combiner d'anciennes, plus vous en collecterez, plus vous aurez de chances d'en avoir de bonnes.

N.B. : sur le web, pratiquement toute l'information pertinente est en anglais. Il faut donc exiger de chacun des membres de l'équipe sache lire l'anglais en lecture rapide.

---

1. « La lecture, source du génie », dans : Claude Thélot, *L'Origine des génies*, Seuil, 2003, p. 145-150.

2. Nous citons ce record parce que c'est vraisemblablement le plus facile et le plus difficile de tous les records mondiaux à battre : le plus facile, il suffit d'une feuille de papier blanc A4. Le plus difficile : près de 60 mètres).

Répartir les tâches

Faites de cette recherche d'information préalable à toute créativité sérieuse un travail d'équipe. Au sein de votre équipe, certains sont mieux placés ou, par tempérament, plus doués que les autres pour trouver de l'information en général ou trouver certaines informations spécifiques.

Tous les bons auteurs insistent sur le fait qu'une équipe efficace ayant une démarche réellement créative comprend soit un « *Resource Investigator* » (Meredith Belbin [1]), soit un « explorateur » (Roger von Œch [2]), soit une étape « Chapeau Blanc », le premier des six chapeaux d'Edward de Bono (voir ci-dessous étape 5 de la méthode).

Au sein de votre équipe, vous savez qui est plus particulièrement prédisposé à jouer ce rôle ou à coiffer ce chapeau. Demandez-lui. Il ou elle trouvera le temps.

Le benchmarking créatif

Le benchmarking est une méthode consistant, après avoir isolé au sein de l'entreprise un processus qui fait problème, à chercher dans le monde entier quelles sont les entreprises qui le font bien ou quelle entreprise peut constituer, sur ce point particulier, un modèle pour tous, et à lui demander de bien vouloir expliquer comment elle fait.

Il ne s'agit pas de prendre de façon aveugle une entreprise comme modèle, rien n'étant vraiment transposable d'une entreprise à l'autre, mais, sur un point précis, de comprendre comment elle a résolu un problème analogue au vôtre et de s'en inspirer pour trouver une solution qui vous soit propre.

Quand Xerox, qui luttait alors pour sa survie face à la concurrence des Japonais (sa part du marché de la photocopie était tombée de 70 à 30 %), a mis en place et avec succès cette méthodologie dans les années quatre-vingts et a remis en cause tous les processus de l'entreprise, elle a interrogé Hewlett-Packard sur la gestion recherche et développement, L.L. Bean, un vépéciste, pour trouver des idées de distribution, Florida Power Light (distribution d'énergie electrique) pour améliorer son système de gestion de la Qualité, Ford Motor pour améliorer la disposition de ses usines, Procter & Gamble pour le marketing, etc. – le plus efficace des benchmarkings étant

1. Voir : *www.belbin.com/belbin-team-roles.htm.*

2. Voir son site : www.cretativethink.com et son livre : *Ne restez pas assis sur le meilleur de vous-même*, InterEditions, 1987, traduction de : *A Kick in the Seat of The Pants.*

le benchmarking « out-of-the-box », c'est-à-dire fait auprès d'une entreprise dont l'activité principale est très éloignée de la vôtre.

Deux exemples encore, des plus inspirants.

Lorsque le Crédit du Nord a voulu améliorer de façon significative la qualité de son accueil au guichet et au téléphone, il a fait effectuer un benchmarking non pas auprès de ses concurrents, mais en France auprès du Club Med, de Quelle et de Dell et, aux États-Unis (un voyage pour une personne), auprès du plus grand de la distribution, Wal-Mart, de chaînes d'hôtels comme Hilton et de la McDonald's Unversity. On retrouve depuis régulièrement le Crédit du Nord au tableau d'honneur de l'accueil et du service en ligne.

Quand Herb Kelleher, le charismatique patron de Southwest Airlines – la compagnie aérienne low-cost devenue en trente ans la 5e compagnie américaine du secteur –, et que nous déjà présenté comme bon exemple d'homme d'imagination, a cherché à améliorer sa rentabilité et son service aux passagers, il a buté sur un problème : le temps d'escale. Qui peut alors lui donner de bons conseils sur des idées d'innovations permettant de diminuer de façon spectaculaire le temps d'immobilisation d'un avion entre son atterrissage et son décollage ? Ce sera Frank Williams, le patron de l'écurie de F1, spécialiste des arrêts aux stands en moins de dix secondes. Le temps d'immobilisation chutera de 1 h 15 à 45 minutes.

Internet

Vous voulez révolutionner un produit, trouver des idées pour un nouveau modèle ? Le web. S'il s'agit du tire-bouchons, vous en trouvez sur *www.amazon.com*, *www.ebay.com*, *www.bizz.com* plus de 350 (trois cent cinquante) modèles à ne pas réinventer *et* pour vous donner des idées.

Le web, source inépuisable d'opportunités, de nouvelles associations d'idées. Quatre milliards de pages, un à deux millions de nouvelles pages par jour. Sans cesse de nouveaux forums professionnels et de nouveaux blogs (weblogs, notes personnelles mises en ligne) pour trouver comment font les autres.

Quelques sites :

www.gizmo.com.au (un site et un magazine en ligne australien)

www.sorobangeeks.com (un site français)

Et tous les ans : *Time* et le *New York Times* et leurs inventaires des meilleures idées de l'année (le Segway, I.tunes, etc.) dans tous les domaines, sports, alimentation, transports, médecine, etc.

Et les brevets [1] ? : *Tous* les brevets du monde à votre disposition en quelques clics (site de l'INPI et http//fr.espacenet.com/espacenet/fr/fr/e_net.htm).

Quant à la sérendipité [2] générée par le web... À la pêche aux idées dans le plus vaste océan de connaissances, toujours en expansion, que l'homme ait jamais conçu, il faut s'attendre à en trouver des quantités incroyables que l'on ne cherchait pas vraiment. La sérendipité est l'exploitation instantanée du hasard. Elle vous oblige à interrompre temporairement le cours de vos idées. D'où une discipline à respecter rigoureusement car une idée trouvée par hasard et non notée est une idée perdue et une idée notée et non classée est une idée que vous ne retrouverez pratiquement jamais. Ayez chaque jour une douzaine de dossiers vierges tout prêts à accueillir les fichiers html et pdf potentiellement intéressants.

Le vrai problème n'est donc pas tellement de trouver de l'information et des idées, mais de les gérer, c'est à dire de les noter, de les combiner et de les retrouver. Chacun sa recette d'indexation et de classement.

Classer les idées sur une matrice morphologique

En voici une, qui reprend de façon informelle le principe des matrices morphologiques. Supposons que soyez en train de faire l'inventaire des solutions déjà proposées pour résoudre le problème de la mobilité urbaine. Comment les classer d'une façon qui puisse ensuite servir ? Faites un tableau comme ci-dessous dans lequel les lignes correspondent aux particularités des solutions que vous connaissez ; vous le compléterez ensuite au cours de votre recherche.

Quelles sont les catégories possibles – vélo, vélomoteur, scooter, moto, auto, auxquelles vont vite venir s'ajouter les rollers, patinettes et trottinettes, puis les voitures sans permis, puis les vélos couchés, pratiquement inconnus en France mais fabriqués dans tous les pays anglo-saxons (où ils s'appellent *recumbent* et *liegerad*) ?...

Combien de roues ? Banalement, deux ou quatre. Mais là aussi, votre recherche va vite vous donner l'idée des véhicules à trois roues, à subdiviser en véhicules à deux roues avant et une roue arrière et l'inverse, puis l'idée de deux roues en tandem (l'une derrière l'autre) ou côte à côte (comme dans le Segway), puis de véhicule à une roue (l'Embrio de Bombardier), ou à six, etc.

Le nombre de places ? Une, deux, trois, quatre. Mais tout aussi bien trois et demie.

---

1. Yvan de Kermadec, *Innover grâce au brevet. Une révolution déclenchée par Internet*, Insep Consulting Éditions, 2001.

2. Bruno Martinet & Yves-Michel Martl, « Développer la sérendipité », dans : *L'intelligence économique*, Les Éditions d'Organisation, 1995, p. 27-28.

Une matrice morphologique de classement établie *a priori*

Caractéristiques	Solutions possibles					
Catégorie	Vélo	Vélomoteur	Scooter	Moto	Auto	Autres ?
Nombre de roues	Deux	Quatre	Autres ?			
Nombre de places	Une	Deux	Trois	Quatre	Autres ?	
Énergie	Humaine	Essence	Gazole	Électricité	Autres ?	
Carrosserie	Sans	Ouverte sur les côtés	Décapotable	Conduite intérieure	Autres ?	
Dimensions	1 m x 1 m 5	1 m 5 x 2 m	Autres ?			
Etc.	Lesquelles ?					

Il s'agit ici d'un premier jet avec des cases a priori *: catégorie, nombre de roues, nombre de places, énergie, etc. L'équipe ne pensait pas au départ qu'il puisse y avoir des véhicules à trois roues, ni qu'il existe des vélos couchés, des véhicules à hydrogène et d'autres à énergie solaire, etc.*

L'énergie ? *A priori*, essence ou électrique. Mais aussi à hydrogène ou solaire…
Découvrez et classez toutes ces idées pour, reprenant cette matrice à l'étape 5, en trouver de nouvelles en les combinant.

Étape 3. Formaliser, hiérarchiser et organiser les 3 critères clés partagés de sélection d'une bonne solution

Troisième étape : il s'agit maintenant de se mettre *formellement* d'accord sur :

1. les solutions que l'équipe ne veut pas accepter, au plan éthique ;
2. les critères de choix, partagés par tous les membres de l'équipe, entre les idées de solutions trouvées.

La question des valeurs et des contraintes est occultée dans la plupart des procédures de résolution créative de problème, sinon dans toutes.

En général, les auteurs de méthodes, quelles qu'elles soient, ont si peu confiance dans leur efficacité – ou au contraire font tellement confiance à la qualité du jugement de l'évaluateur – qu'ils font pratiquement l'impasse sur cette étape. Et pourtant !...

Quels sont les limitations et interdits ?

Où sont les garde-fous qui empêchent de faire n'importe quoi ?

Quels sont les types de solutions préférables ?

Dire ce qui limite ou ce qui n'est pas possible, et le dire *dès maintenant*, permettra :

1. de ne pas le dire plus tard, en phase de générations d'idées, ou de laisser dire ;
2. de ne pas rejeter arbitrairement une idée dans la phase de sélection, mais de rappeler que l'équipe était d'accord sur ces contraintes.

L'équipe a confiance en elle. Elle va avoir des tas d'idées. Il faudra alors choisir, en rejeter certaines, et donc disposer de critères de choix (axiologiques, les valeurs, et pratiques, les contraintes). Tous doivent se mettre d'accord *avant* la phase de prise de décision, y compris sur ses modalités mêmes (vote à main levé, vote à bulletin secret, consensus implicite, etc.).

Quand faut-il définir les critères de sélection ?

Deux conceptions s'affrontent à ce sujet : celle du CPS (Creative Problem Solving de Buffalo) qui veut, suivant en cela le credo d'Osborn, que l'on définisse les critères d'évaluation *après* avoir imaginé des idées de solution, et celle de Norman Maier (1900-1977), un des géants américains de la psychologie du travail [1], qui veut qu'on les définisse *avant*.

Nous proposons de faire les deux à la fois : déterminer des critères de sélection *avant* (les participants auront à *mettre en œuvre* ce qu'ils proposent), et les modifier ensuite – *consciemment* – en fonction des solutions trouvées.

En effet, comme le montre le tableau ci-dessous, ces critères peuvent être explicites ou implicites (non-dits), ou confusément explicités (« vous voyez ce que je veux dire », alors que personne ne le voit vraiment, ce qui est le cas le plus fréquent).

Reprenons, pour leur valeur métaphorique, quelques-uns des problèmes énumérés au début de cette quatrième partie.

Il existe une solution *simple* et *efficace* au problème d'Archimède. Elle a été proposée par un participant au cours d'un de nos séminaires : c'est d'utiliser la baignoire autrement, en soumettant l'orfèvre au supplice du même nom pour lui faire avouer son forfait. Qu'en pensez-vous ?

1. On lui doit, notamment *La Psychologie dans l'industrie*, Marabout, 1970.

Quand faut-il définir les critères de sélection des idées de solution ?

EXPLICITATION DES CRITÈRES	AVANT la phase d'idéation	APRÈS la phase d'idéation
EXPLICITES	Pour Norman Maier : une hiérarchisation en fonction de la situation	Pour le CPS (Creative Problem Solving) : amélioration en fonction des solutions
IMPLICITES, NON-DITS	Résultat : le paradoxe d'Abilène (un consensus mou qui ne satisfait personne)	« Ce n'est pas bête. » Aveu éventuel d'une modification personnelle. Remise en cause

MOMENT OÙ SONT DÉFINIS LES CRITÈRES DE SÉLECTION

Faut-il expliciter les critères de sélection des solutions avant la phase d'idéation (celle où l'on trouve des idées) ou après ?

Nous avons vu précédemment le problème des deux cordes.

Le problème du carré à diviser en quatre : une des solutions, simple à réaliser et originale (puisque 5 % des participants au maximum y pensent), évoque fâcheusement la croix gammée…

Si vous n'avez pas défini vos valeurs communes *avant* la phase d'idéation et si vous laissez à d'autres le soin d'évaluer les idées de solutions proposées, un nouveau problème risque de surgir lors du debriefing…

Vous ne pouvez déléguer un problème, et faire que vos collaborateurs en soient *propriétaires* (délégation créative permettant une productivité continue comme nous le verrons dans l'étape 7) que si vous déléguez aussi le respect des valeurs, ce qui suppose qu'elles soient explicitées.

Comment les définir

Quels peuvent être ces critères d'évaluation ? Éthiques, d'abord, on vient de le voir, mais aussi, bien sûr, pratiques, par exemple :

- la sécurité dans l'exécution
- la facilité pour l'exécutant
- la rapidité, la vitesse, les délais à respecter
- la simplicité
- la rapidité d'apprentissage
- la facilité d'explication et de mise-en-œuvre
- l'économie
- l'originalité (vis-à-vis d'un public, solution brevetable, protégeable)
- l'élégance
- la reproductibilité
- etc.

Les sources de critères de sélection

Elles sont internes ou externes.

En interne : on s'est fixé, on a accepté, des valeurs – principes éthiques, ce que l'on s'interdit de faire, et que l'avocat du Bon Dieu se chargera de rappeler s'il le faut –, des principes concrets d'action, des contraintes spécifiques, des règles du jeu.

C'est un sujet que nous abordons en détail par ailleurs. Donnons-en les trois règles clés :

1. trois valeurs et pas beaucoup plus, cinq au maximum ;
2. des valeurs hiérarchisées en fonction de la situation (dans l'action, il est trop tard pour le faire) ;
3. avec une explication concrète de ce que veulent dire les mots employés (« priorité à la satisfaction-client » ou « rentabilité » par exemple, si tel est le cas, peuvent mériter quelques mots d'explication auprès des collaborateurs).

En externe : les clients et les concurrents, qui fixent les critères de choix.

Les meilleurs juges de la valeur de nos idées et de nos décisions, ce sont les clients et les concurrents. Ce sont eux qui *in fine* décident si nos décisions sont bonnes ou non.

Pourquoi ne pas associer les clients (les concurrents, c'est plus difficile) à la *formalisation* de nos critères de choix ? Quels sont les principes qu'ils aimeraient que l'on respecte ?

On retrouve cette préoccupation dans la méthode de problem-solving d'un consultant britannique, Alan Barker, méthode présentée dans un excellent petit livre (hélas épuisé en français) au titre légèrement trompeur : *30 Minutes to Brainstorm Great Ideas* (il faut hélas plus de 30 minutes pour trouver avec un client une bonne solution à son problème...).

Comment hiérarchiser et organiser les trois critères clés

Ces critères, il faut maintenant les hiérarchiser et les organiser visuellement pour préparer l'évaluation collective des idées trouvées par l'équipe.

Les hiérarchiser, c'est-à-dire les classer par ordre d'importance pour que tous, au sein de l'équipe, comprennent bien selon quels critères les solutions qu'ils proposeront seront évaluées. Si elles sont refusées, ce n'est pas qu'elles étaient *mauvaises*, idiotes ou farfelues, mais qu'elles ne correspondaient pas aux critères de choix sur lesquels toute l'équipe se sera mise d'accord *pour le problème donné.*

Nous voulons tous le beurre et l'argent du beurre. Ce n'est pas totalement impossible, mais c'est difficile. Nous voudrions tous trouver des solutions efficaces, simples, sûres, rapides à mettre en œuvre, fiables, bon marché, etc. Pour atteindre cet idéal, il nous faut le faire par étape, commencer à satisfaire les trois critères les plus importants au yeux de tous. Pourquoi trois ? Parce qu'il est quasiment impossible d'en représenter plus sur un plan.

Les organiser sur deux axes principaux – et prendre en compte une troisième dimension

Prenons l'exemple très simple du challenge posé par la conception d'une *nouvelle* chaise. Challenge parce que c'est un objet banal qui sert d'exercice de style à tout bon designer et qu'il semble impossible aujourd'hui d'inventer une nouvelle chaise. Qu'est-ce qu'on demande à une chaise ? Disons d'être confortable, esthétique, pas chère, empilable, etc. La chaise idéale étant, dans ce cas, les quatre à la fois. Il nous faut nous mettre d'accord sur l'importance relative que nous donnons à ces critères (ou que donnent les clients du segment que nous avons choisi d'attaquer), par exemple d'abord confortable et esthétique, puis pas chère, et nous préparer à classer les idées de chaises que nous allons reprendre ou que nous allons imaginer sur une matrice d'évaluation.

La visualisation d'une troisième critère d'évaluation de la solution, par exemple la prix, est possible en jouant sur la taille accordée à celui-ci. Plus la surface est grande et plus la solution satisfait ce critère (attention, il faut toujours formuler le critère de façon que la taille aille dans le même sens que l'intérêt de la solution. Dans le cas du prix, l'inverse de celui-ci).

Une matrice 3 x 3 d'évaluation des idées

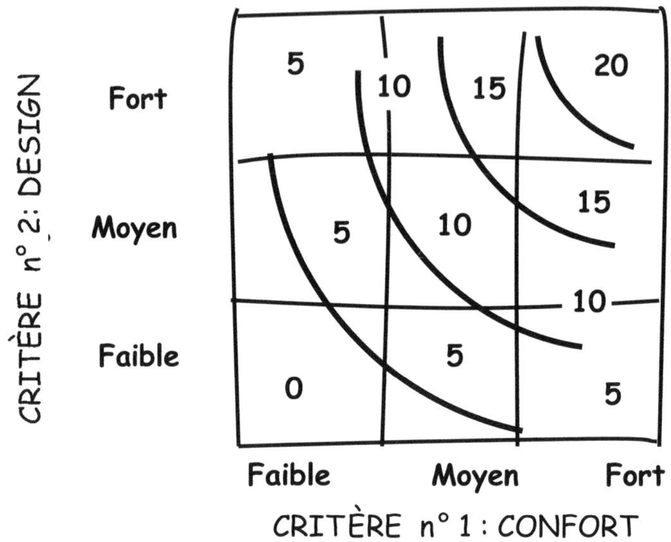

Sur une telle matrice, la valeur de la solution est le produit du critère n° 1, par exemple le confort, par le critère n° 2, par exemple le design. Une chaise très confortable mais très laide est perçue comme valant 5, de même qu'une chaise très design mais très inconfortable. Cette évaluation est conçue pour entretenir une tension créative : comment arriver à une solution évaluée 20 ?

La schématisation visuelle du troisième critère d'évaluation

Les trois combinés nous donnant cela :

La représentation visuelle des trois critères d'évaluation

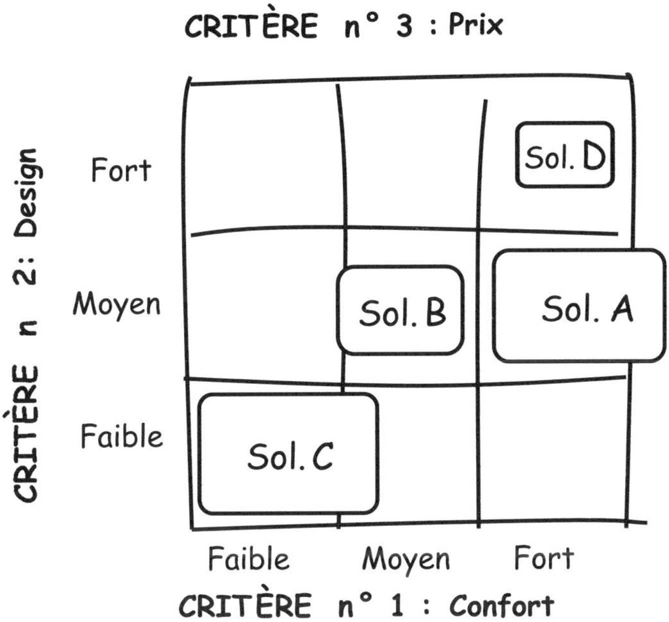

Le troisième critère d'évaluation est pris en compte par la taille des rectangles (au coin arrondis).

Sur cet exemple, la solution D est parfaite sur les deux premiers critères : confort et design par exemple. Elle ne présente qu'un inconvénient de taille : elle n'est pas satisfaisante au plan du prix. On peut donc lui préférer la solution A, moins bonne au plan du design, mais plus satisfaisante au niveau prix. Etc.

Par exemple (schéma ci-après) :

Critère n° 1 : le confort, l'ergonomie (en axe horizontal) ;

Critère n° 2 : la pertinence du design avec les tendances actuelles et prévisibles dans un futur proche (en axe vertical) ;

Critère n° 3 : la rentabilité (en taille du rectangle à coins arrondis).

La dynamique de l'intelligence créative

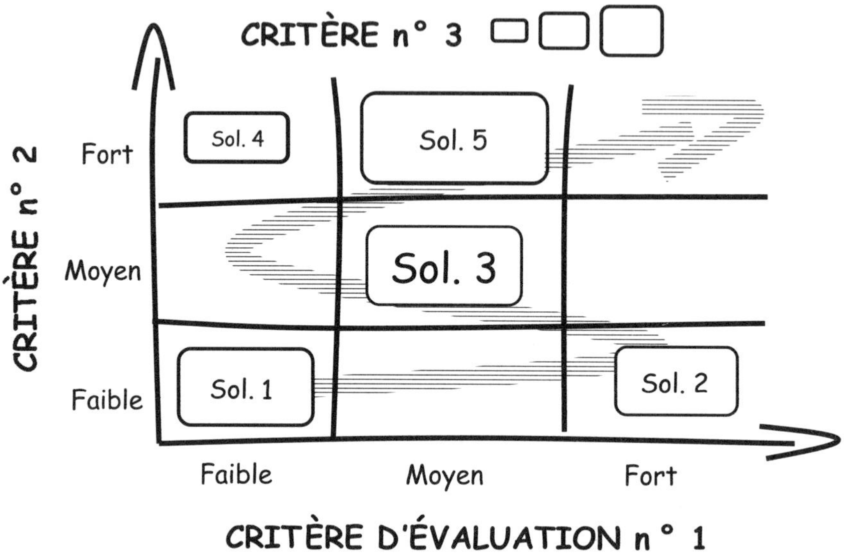

La progression de la plus mauvaise case, en bas à gauche, à la meilleure, celle en haut à droite, ne peut pas se faire directement, en diagonale, mais seulement par un détour créatif en « S ». Ensuite seulement on cherchera à améliorer la solution retenue sur le troisième critère d'évaluation.

Étape 4. Créer la motivation d'un challenge partagé autour d'un gain de performance de 20 à 40 %

Pourquoi être créatif, si aucun défi, si aucun challenge n'y pousse ? Il n'y a pas de créativité sans indignation, sans tension créative, sans volonté de créer. Il n'est d'intelligence que devant un problème, d'intelligence créative que devant un grand problème.

Peu importent les mots. Ce challenge partagé peut s'appeler « intention stratégique » (*strategic intent*) pour Hamel & Prahalad, BHAG (*Big Hairy Ambitious Goal* – traduction libre « But Horrifiant Ambitieux et Grandiose »), pour Collins et Porras, BHAG devenu « *will* » tout court dans le dernier livre de Collins, « volonté stratégique » pour Jacques Giroire, « vouloir stratégique », etc.

C'est, au sens le plus simple, le plus fort, le plus prométhéen, le « vouloir ».

Des buts « stretch », quantifiés et mesurables

« Stretch » – intraduisible en français – était (avec « *Speed* », « *Boundaryless* » et « *Simplicity* ») une des quatre valeurs personnelles de Jack Welch du temps où il dirigeait la General Electric et était considéré comme un des meilleurs dirigeants d'entreprise au monde.

Le principe en était simple. Pas d'amélioration continue, mais un saut quantitatif, provocant, dans les performances, qui oblige à trouver une idée, une solution, une toute autre façon de faire. Non pas améliorer les performances, mais être deux fois plus performants. Pas moins cher, mais *deux* fois moins cher. Pas plus vite, mais *deux* fois plus vite. Avec deux fois moins de moyens (financiers, humains, etc.). Ou bien, à tout le moins, 1,4 fois plus ou 1,4 fois moins (ce drôle de chiffre s'expliquant par la loi de Fechner, celle qui veut que la sensation, psychologique, soit proportionnelle au *logarithme* de l'excitation physique...).

Dans le cas de problèmes complexes où un saut de 40 % est irréaliste, le saut sera de 25 à 30 %, dans le pire des cas, de 20 %, tous ces chiffres n'étant pas donnés au hasard mais correspondant à la racine carré de 2 (1,414), puis à sa racine cubique (1,26), puis à sa racine quatrième (1,19). En-dessous de 20 % d'amélioration de performance sur une dimension *mesurable*, un objectif n'est pas excitant, n'est pas un challenge, n'est pas motivant, n'excite pas l'intelligence créative.

Quelques exemples : la plate-forme logistique de Carrefour, + 40 % ; la souris d'Apple, objectif : dix fois moins chère ; la Twingo, objectif 25 % ; la Smart, un nouveau business model ; l'équipe des « Skunk Works » de Lockheed-Martin, une équipe qui n'a *jamais* perdu, en soixante ans, une compétition face à ses concurrents, et dont le patron, Kelly Johnson, se fixait systématiquement des normes entre 40 % à 100 % supérieures aux spécifications client [1].

---

1. On lui demandait un avion volant à 20 000 mètres d'altitude, il en concevait un volant à 30 000 mètres (le U-2) ; un avion volant en 1960 à 2 000 km/h à 24 000 m d'altitude, il en conçoit un qui vole à 3 700 km/h (le SR-71 Blackbird) ; un avion furtif dont l'écho ne soit pas plus important que celui d'un aigle, il en sort un dont l'écho est celui d'un poulet (mais que l'USAF baptise « faucon de nuit », le A-117 Nighthawk), échouant ici, provisoirement sans doute s'il avait vécu, dans son ambition : concevoir un avion dont l'écho radar soit celui d'un *moineau*...

Voir : *http://home.insight.rr.com/skunkworks/skunkworks/index_collage.jpg.*

La métaphore de la conquête d'un sommet : le quotient d'adversité du challenge

Le problème est identifié et localisé.

Compte tenu des informations recueillies et des critères retenus, quel va être le *niveau* du challenge que l'on va attaquer ?

Pour illustrer une telle vision du but (du challenge), la conquête d'un sommet (en équipe) fournit une assez bonne métaphore. On choisit son sommet, son altitude et son degré général de difficulté. On choisit sa voie en fonction du degré de difficulté de l'itinéraire, acceptée au départ par tous. Rien ni personne d'oblige quelqu'un à faire une ascension (exception faite d'une opération de sauvetage). Il y a des principes d'actions (des valeurs prioritaires). En cas d'échec, on ne parle pas d'« échec », mais de « tentative », non pas par euphémisme, mais parce qu'on a tenté quelque chose, parce que ce que l'on a fait, on l'a fait, et parce que, pour le refaire, on a appris. Et surtout, cette métaphore de la montagne casse un des lieux communs de la stratégie définie non plus comme « où nous allons » (en une sorte de promenade de santé), mais « où nous voulons *monter* », ce qui oblige à se demander « par où, par quelle voie ? ». Enfin, elle propose une gradation, du facile au quasi-impossible : toutes les courses sont étalonnées sur une échelle des difficultés.

L'intelligence créative en équipe commence – contrairement au démagogique « tous géniaux » – par le recrutement de tempéraments qui recherchent la difficulté : ceux qui sont prêts à signer.

Votre équipe est-elle plutôt constituée de « Touristes », de « Campeurs » ou de « Grimpeurs » ? Quel est le quotient de résistance de chacun à l'adversité ?

De la dizaine de sites Internet consacrés à la métaphore de la montagne, nous ne citerons qu'un seul : celui de Bruce Elkin [1], qui introduit la notion de quotient d'adversité, (« AQ » pour *Adversity Quotient*, quotient dont la mesure permet de distinguer ceux qui, au sein d'une équipe, n'accepteront pas un challenge de plus de 20 %, et n'iront pas plus loin, les « Touristes » (traduction aimable de *Quitters*) ; ceux qui cherchent des challenges de 40 %, les « Grimpeurs » (*Campers*) ; et ceux qui cherchent des challenges de 100 %, les membres potentiels de la cordée finale (*Climbers*).

Le degré de difficulté du challenge (des résultats 20 %, 40 % ou 100 % supérieurs aux précédents) dépend en outre plus ou moins de la personnalité des membres de l'équipe qui sont, soit plutôt enclins à chercher l'amélioration des performances passées (des Améliorateurs dans la typologie de Kirton [2]), soit plutôt enclins au changement (des Innovateurs) – ces typologies correspondants grosso modo aux gens

1. Voir : *www.summitstrategies.net.*

2. Voir : *www.kirton.com.*

Touriste, grimpeur ou membre de la cordée finale ?
Le quotient d'adversité des membres de votre équipe

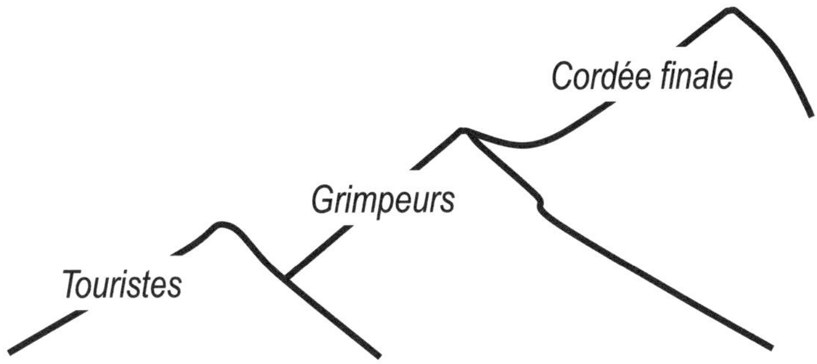

Votre équipe est-elle composée de « Touristes », de « Grimpeurs » ou de « membre de la cordée finale » ?

d'organisation et aux gens d'imagination (« ISTJ » et « ETNP » du MBTI). Dans une équipe équilibrée et solidaire, les « ENTP » auront naturellement tendance à « tirer » les « ISTJ »…

Étape 5.
À l'assaut du challenge (challenge-storming) : trois bonnes solutions alternatives – sinon rien

Histoire vécue au cours d'un séminaire sur la vision stratégique. Les participants subissent un des tests évoqués plus haut (le carré), et analysés, avec leurs solutions, dans ce chapitre. Première phase en individuel. On rend les copies.

Question de l'animateur : combien avez-vous trouvé de solutions ? Tour de table. Un manager, responsable d'une unité d'une centaine de personnes, répond « deux », comme d'ailleurs d'autres participants (il s'agit des deux premières réponses toujours données, les deux croix – en fait un *seul* type de solution). Mais il ajoute, alors qu'on ne lui demandait rien : « *Et il n'y en pas d'autres !* ». L'animateur, interloqué : « Ce n'était pas la question, mais c'est votre réponse. Vous nous confirmez qu'il n'y en pas d'autres ? ». « Non, je n'en vois pas d'autre. Il n'y en a pas d'autre. » Aurait-il décidé de même, dans la vraie vie, qu'« il n'y en a pas d'autre solution » ? Qu'on se rassure : à la fin du test, le manager, au demeurant intelligent et sympathique, confiera à l'animateur, avec un beau courage : « J'ai pris une leçon. Merci. »

Après quelques autres exercices du même genre, il allait faire sien ce principe cardinal de l'intelligence créative, qui vaut pour les gens d'organisation comme pour les gens d'innovation, dans tous les domaines (sauf les problèmes mathématiques et les énigmes, qui sont faits pour n'avoir qu'une solution) : à tout problème (qui s'impose à soi ou qu'on se pose), *il y a toujours plusieurs solutions*.

À ceux de nos lecteurs qui tiendraient ce principe absolu pour une évidence (tant mieux pour eux, ils sont dispensés, sinon de la *méthode* que nous en avons tirée, du moins des exercices en question), rappelons qu'il est très loin de l'être pour la plupart des gens (qui l'ignorent dans la conduite dans leur propre vie). Quelques exemples, du plus trivial au plus élaboré, dans le strict domaine des solutions techniques :

- tous les gamins ont appris une ou, à la rigueur, deux façons de faire des avions en papier. Combien en ont cherché d'autres ? On en trouve sur Internet pas moins d'une *cinquantaine*, dont une radicalement différente de toutes celles que l'on pourrait imaginer (bien qu'elle ne fasse que reprendre une vieille idée de Blériot datant de 1908 [1]) :

Un avion en papier qui vole remarquablement bien

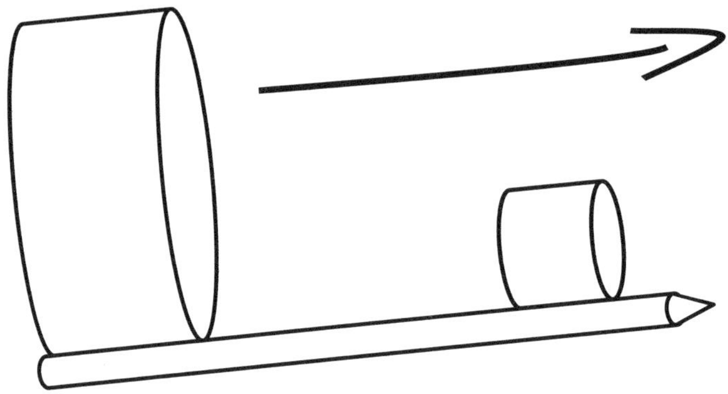

Cet avion en papier, construit avec un crayon,
n'est pas conforme au réglement du Livre Guinness des Records mais vole très bien
et pas dans le sens auquel on s'attend.
C'est un avion « canard » dont l'empannage est à l'avant.
Il vole dans le sens de la flèche.

1. L'enjeu n'est pas négligeable. Il existe deux records du monde des avions de papier à battre pour devenir un authentique champion du monde : un du vol le plus long en distance et un du vol le plus long en durée. Ils sont homologués officiellement par le Livre Guinness des Records. Budget nécessaire : quelques feuilles de papier blanc 80 g format A4.

- au moins cent ans après l'invention de la bicyclette « moderne », on pensait toujours qu'il il n'y avait que deux grands types de cadre (le cadre pour hommes et le cadre pour femmes). En 1935, on invente le vélo couché : troisième solution, originale, créative, plus efficace que les précédentes (d'environ 20 %), mais elle est interdite très vite en compétition par la Fédération Internationale et donc condamnée au plan commercial. En 1974, c'est l'invention en Californie du VTT qui, introduit en France au début des années quatre-vingts, relance une industrie moribonde. Depuis, autant de marques de vélos, autant de solutions techniques pour la suspension arrière ;
- pendant cent ans, on a pensé qu'il n'y avait que deux grands types de tire-bouchon, le modèle classique et le limonadier. En 1974, un ingénieur talentueux est mis au défi par sa femme d'inventer un tire-bouchon qui marche. Touché au vif, il se lance à lui-même le *challenge*, se documente et invente le Screwpull actuel. Il existe aujourd'hui environ *dix* types de tire-bouchon ;
- il existe au moins au moins cinq configurations possibles du ou des rotor(s) d'un hélicoptère (un grand rotor principal et un petit rotor de queue ; deux rotors en tandem ; deux rotors, un de chaque côté ; deux rotors accolés en V, deux rotors coaxiaux) ;
- on a pensé jusque dans les années 1920 qu'il n'y avait qu'un grand type de chaise possible, celui à quatre pieds. On invente alors la chaise de bureau et la chaise cantilever, et depuis une dizaine de grands types de chaises (tournante, en « S », tulipe, zig-zag, pliante, fauteuil de bureau, etc.) ;
- on n'a très longtemps connu que deux types de poussettes pour enfant. On voit aujourd'hui des modèles tout-terrain et des modèles pour jogging (à trois roues) ;
- si on aborde le domaine de la mobilité urbaine, les solutions, nous l'avons vu et nous allons le revoir, sont aujourd'hui innombrables. Elles vont des chaussures à roues escamotables à la Smart en passant par le Segway et la bicyclette électrique.

Trois solutions pour aller dans la lune

Changeons de dimension et voyons comment une *troisième* solution a permis d'aller dans la Lune. Car même la NASA, quand il lui a fallu affronter le challenge proposé par Kennedy, a failli oublier cette règle de la pluralité de solutions.

Au départ, en 1959, la Nasa présente deux solutions *solutionnantes* (c'est-à-dire résolvant le problème : un vol direct ou un vol avec un rendez-vous intermédiaire en orbite terrestre – EOR, Earth Orbital Rendez-vous).

Première solution, la plus simple : le vol direct à la Tintin. Poussée nécessaire : 8 000 tonnes.

La première solution, la plus simple

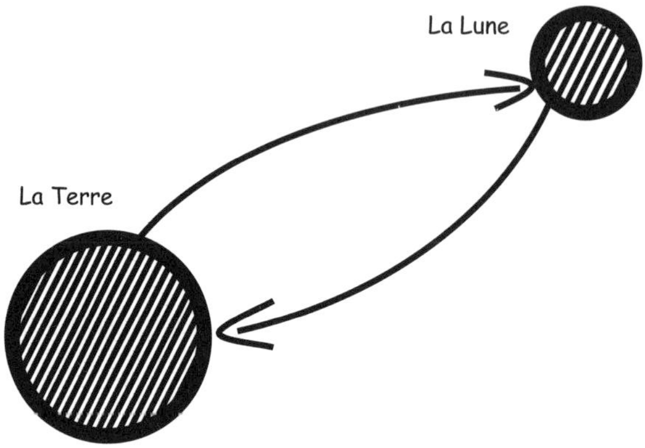

La première solution, la plus simple : le vol direct à la Tintin.
Mais la poussée nécessaire est colossale : 8 000 tonnes.

Deuxième solution : le rendez-vous en orbite terrestre. Poussée nécessaire : deux fusées Saturn de 3 000 tonnes de poussée chacune. Un gain de 25 % par rapport à la première solution.

Deuxième solution : le rendez-vous en orbite terrestre (EOR)

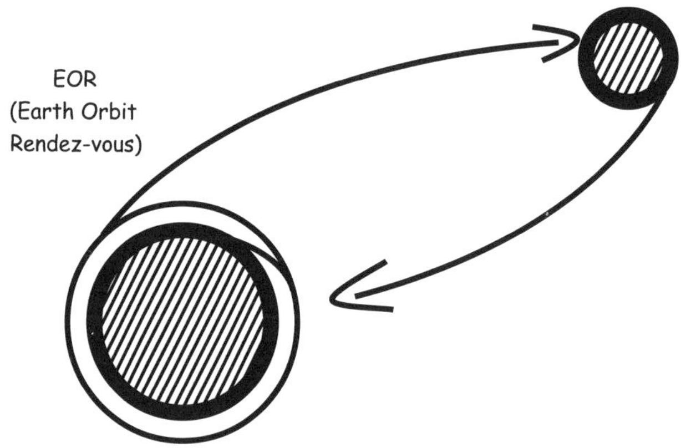

La deuxième solution est le rendez-vous en orbite terrestre (EOR : Earth Orbit Rendez-vous).
La poussée nécessaire n'est plus que celle de deux fusées Saturn
de 3 000 tonnes de poussée chacune. Un gain de 25 % par rapport à la première solution.

Au-delà du débat de fond (avantages, inconvénients, délais, prix, risques, etc. [1]), il y a cependant un *problème* : les deux solutions auraient permis d'atteindre la Lune, mais pas dans les délais que Kennedy s'était fixés à lui-même de façon au demeurant arbitraire (« avant la fin de la décennie »), transformant le défi lancé par Khroucht-chev en *challenge* proposé au peuple américain. La NASA est devant un dilemme : le choix entre deux mauvaises solutions. Werner von Braun est pour la seconde.

Il y avait une troisième solution, inattendue : la solution *créative* présentée en 1960 à la NASA par un ingénieur de 41 ans, John Houbolt [2]. Il s'agit du rendez-vous en orbite *lunaire* (LOR : Lunar Orbit Rendez-vous). Poussée nécessaire : une seule fusée Saturn de 3 000 tonnes de poussée. Un réduction de 50 % ! Débarquement sur la Lune avant 1970. Avec une économie de 25 milliards de dollars.

La troisième solution, celle de Houbolt : le rendez-vous en orbite lunaire (LOR)

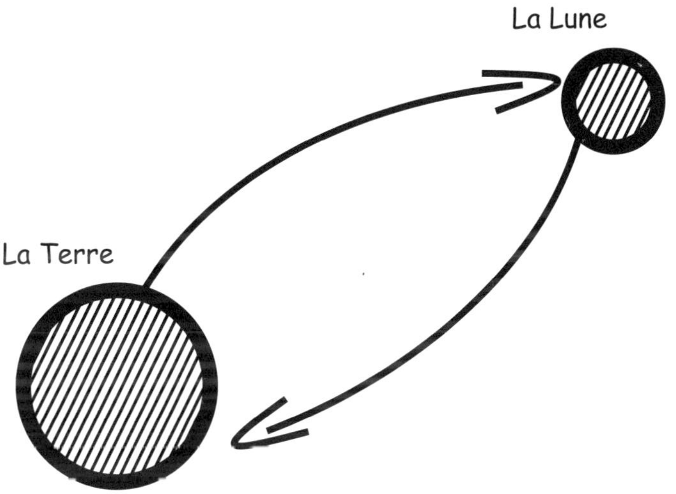

La solution de Houbolt : le rendez-vous en orbite lunaire :
50 % de poussée en moins sont nécessaires, soit une seule fusée Saturn.
Débarquement sur la Lune avant 1970. Économie : 25 milliards de dollars.
Une solution inattendue et efficace. Un concenté d'intelligence créative gagnante.

Houbolt devra batailler deux années entières pour imposer et faire triompher l'idée gagnante du LOR, une idée qui n'était d'ailleurs pas « nouvelle ». Il l'avait *retrouvée* en se documentant dans les vieux travaux d'un Russe, Iouri Kondratiouk, publiés en

1. Voir : *www.nasm.si.edu/galleries/attm/rm.mj.kd.1.html.*
2. Voir : *http://www.hq.nasa.gov/office/pao/History/monograph4/splash2.htm.*

1916. Mais elle était néanmoins *créative* parce qu'*inattendue* pour la NASA. Une grande idée, évidente – après coup.

Trois problèmes classiques d'intelligence créative : combien de solutions ?

Venons-en à trois jeux-tests, les deux cordes, les quatre arbres et le carré (test du QIC), choisis parmi d'autres pour mettre systématiquement en pratique le principe de base énoncé ci-dessus.

On l'a vu, en matière de recherche d'idées de *solutions*, l'être humain, plus ou moins doué d'imagination, se montre le plus souvent paresseux – ou trop pressé. Il a tendance à se contenter de la première idée venue, dès lors qu'elle lui semble *apparemment* bonne. Ou tout simplement parce qu'elle est là. Il peut même lui arriver de croire sincèrement qu'il n'y en a qu'une.

Attitude dangereuse, aux antipodes de l'intelligence créative. Être (intelligemment) créatif, ce n'est pas avoir *une* idée, c'est en chercher *toujours* plusieurs – à plusieurs.

C'est dépasser la *solution de facilité* pour chercher les vraies, les bonnes solutions, *les solutions de difficulté*, au pluriel.

C'est bien un travail. Le travail sur soi d'un être collectif, une équipe avec son coach créatif, qui va l'amener à *devenir* plus (intelligemment) créative que le plus créatif de ses membres.

Le problème des deux cordes

Ce problème a deux solutions de base suivant la façon dont on l'envisage : soit raccourcir une des deux cordes en y faisant un nœud et, mieux, en la lestant, par exemple avec une chaussure. Soit en rallonger une des deux avec la ceinture, les lacets ou la chemise.

Il y a une troisième idée de solution, parfaitement élégante, sans nœud à faire, et en gardant ses lacets, ses chaussures, sa ceinture ou sa chemise.

Elle consiste à imprimer un mouvement circulaire à l'une des cordes, de manière qu'elle décrive un cône dont le sommet est au plafond. et que le bas de la corde ne touche pas le sol, ce qui arrêterait son mouvement. Solution originale, rapide – mais qui implique une certaine dextérité.

Le problème des deux cordes. Une solution aussi élégante qu'inattendue

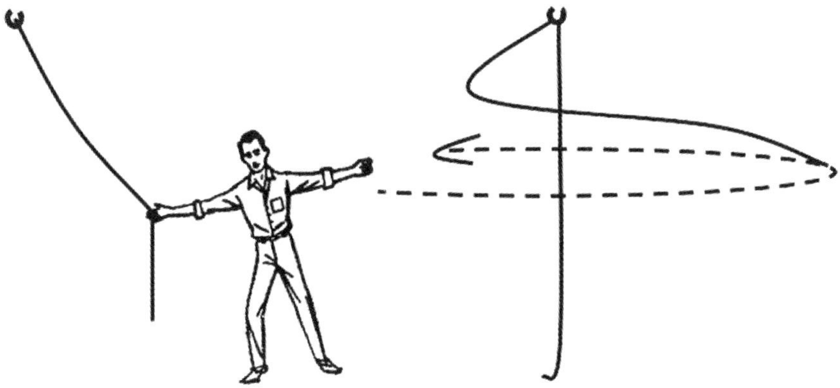

L'homme prend une des deux cordes. Il la lance de façon qu'elle décrive un cône comme le mouvement d'un pendule. Elle ne traîne alors pas par terre. Il s'empare de l'autre, attrape la corde qu'il a lancée quand elle revient et peut nouer les deux cordes comme demandé. Une solution inattendue et efficace mais risquée.

Le problème des quatre arbres

Il s'agit d'un problème enfantin repris par David Perkins au début des années quatre-vingts – celui du Project Zéro de Harvard [1] au sein duquel Howard Gardner a mis sur pied sa théorie des intelligences multiples : un de ces problèmes ressassés dans les séminaires dits de créativité et que nous présenterons ici comme un pur exercice d'imagination.

Comment planter quatre arbres de façon qu'ils soient chacun à égale distance les uns les autres ?

On trouve facilement UNE solution – toujours la même – sur Internet (tapez « four trees puzzle » ou « quatre arbres problème »).

Il suffit de les planter aux quatre sommets d'une pyramide triangulaire régulière, un tétraèdre équilatéral. On construit une butte de terre ayant les proportions voulues et on plante les quatre arbres, trois à chacun des angles et un au sommet.

Telle est LA solution donnée dans tous les séminaires de créativité. Il y en a forcément d'autres.

En voici déjà une, si évidente que la plupart ne la voient pas : la même chose, mais en creux. On creuse un grand trou, une pyramide *en creux* ayant les mêmes

1. Voir : *http://www.pz.harvard.edu/.*

Une première solution

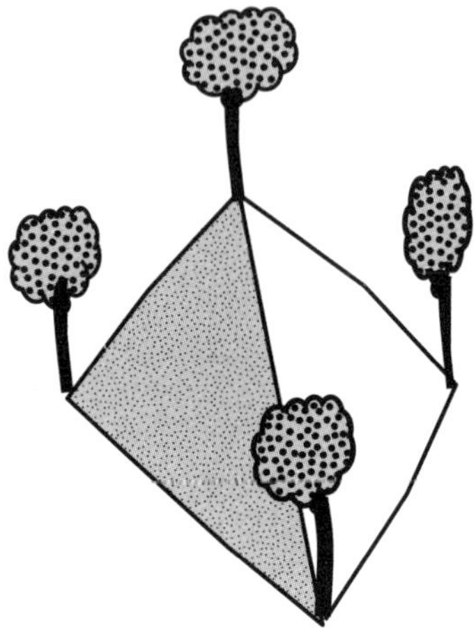

La solution habituelle : les arbres sont plantés au quatre sommets d'une butte de terre pyramidale à trois faces égales.

proportions que la butte et l'on plante les quatre arbres, trois sur le bord du trou, aux trois coins de celui-ci, et un tout au fond.

Une troisième solution ? On peut l'imaginer, solution intermédiaire moitié butte de terre, moitié grand trou en jouant avec un Tétrapak. C'est-à-dire un tétraèdre équilatéral tournant autour d'une de ses arètes.

Mais ces trois solutions n'en sont en fait que deux (soit la pyramide et la tente, soit en relief et en creux).

Une deuxième solution

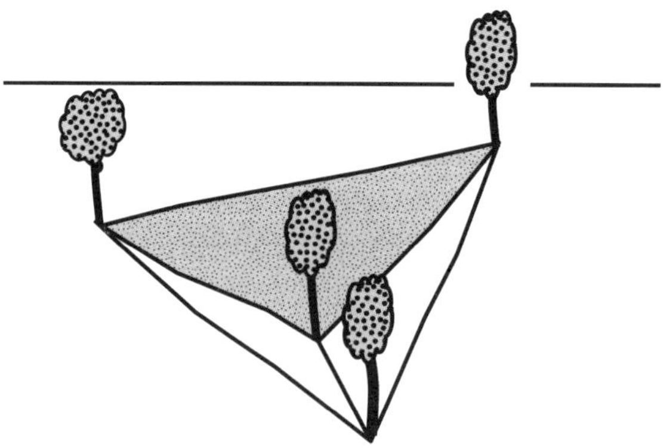

Les quatre arbres sont plantés à égale distance les uns des autres aux quatre sommets d'une excavation en forme de tétraèdre équilatéral.

Cherchons encore. Et supposons, pour que ce soit plus amusant, que nous n'avons ni pelleteuse, ni excavatrice. On peut planter les quatre arbres en profitant d'un relief escarpé comme, par exemple, celui du parc des Buttes Chaumont à Paris, ou bien, les planter, pourquoi pas ?, aux « quatre coins » de la Terre (Einstein a bien dit que « l'imagination encercle le monde »). Comme celle-ci n'est pas une sphère parfaite mais une géoïde, aux géomètres de nous dire exactement où (il y a parfois loin de l'idée de solution à la solution…).

Quatrième solution. On peut planter quatre bonsaïs (qui sont des arbres même si ce sont des arbres nains), à égale distance les uns des autres en en mettant un sur une table et les autres par terre. Etc.

Le problème du carré à diviser en quatre

Autre exemple, celui du carré à diviser en quatre.

Les deux premières solutions viennent à l'esprit de n'importe quel enfant à partir de quatre à cinq ans. C'est d'ailleurs ainsi, nous l'avons dit, que nous avons étalonné notre test d'intelligence créative :

Deux solutions très banales

Ce sont les deux solutions que trouve un enfant à partir de quatre à cinq ans.

Deux autres solutions un tout petit peu moins banales

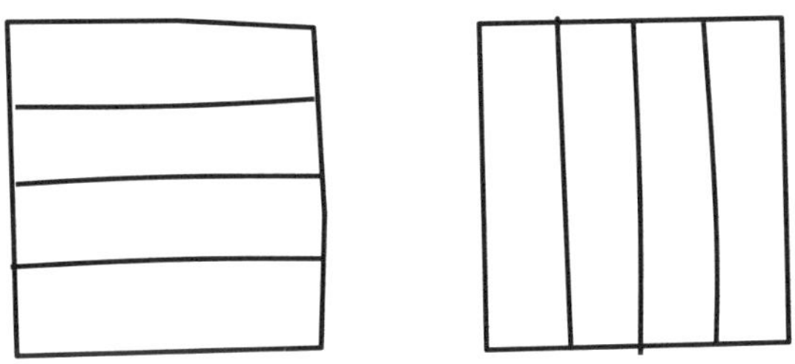

Ce sont deux solutions que l'on trouve généralement ensuite et que les enfants, eux, trouvent à partir de cinq à six ans. On peut penser que ce sont deux solutions qui n'en sont qu'une mais imaginez que vous ayez à dessiner un drapeau ; ce n'est pas la même chose.

Quelles autres solutions avez-vous-trouvées ?
Rien d'interdit les lignes courbes, régulières ou non :

Deux solutions employant des lignes courbes

On pourra s'inspirer de logos existant par exemple celui de Microsoft Press ou celui de Team Agenda, un logiciel de gestion de travail en équipe.

Deux solutions inspirées de deux logos

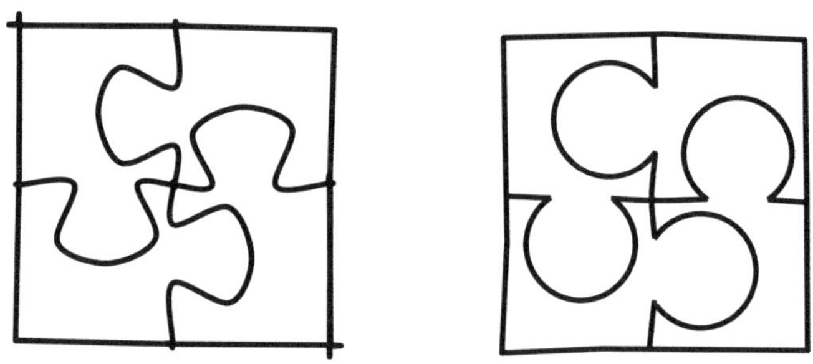

À gauche, une solution inspirée du logo de Microsoft Press ;
à droite une autre inspiré de celui de Team Agenda.

Mais tout cela ne fait que deux (ou trois) idées de solutions (dans la mesure ou inventer l'une, nous dirons certains, c'est inventer les autres).

Deux solutions « zig-zag »

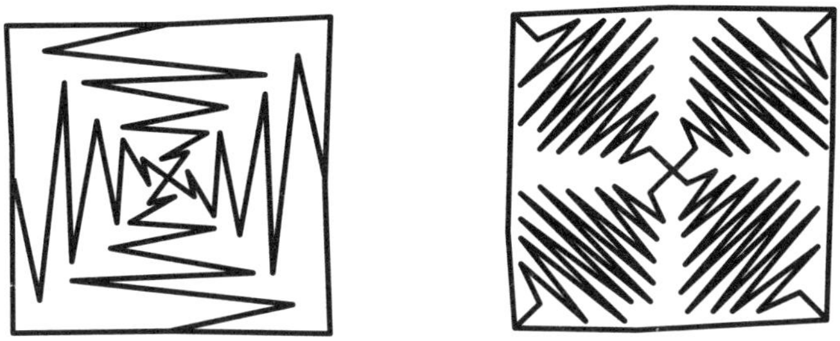

Une tout autre idée de base : la spirale :

Deux solutions basées sur l'idée de la spirale

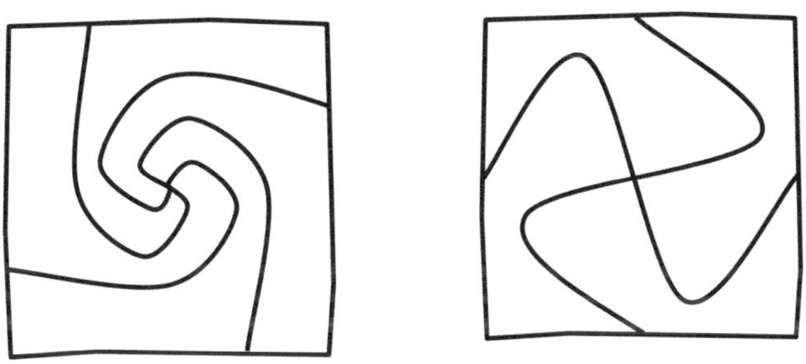

Une idée de solution relativement simple à dessiner mais difficile à réaliser concrètement à moins de disposer d'un logiciel sophistiqué.
Mais rappelons que la finalité de cette réflexion créative pourrait être d'obtenir des découpes montrant le savoir faire d'une entreprise de découpe par électro-érosion à fil.

Ou, en partant d'un motif de frise grecque :

Dans un sens et dans l'autre

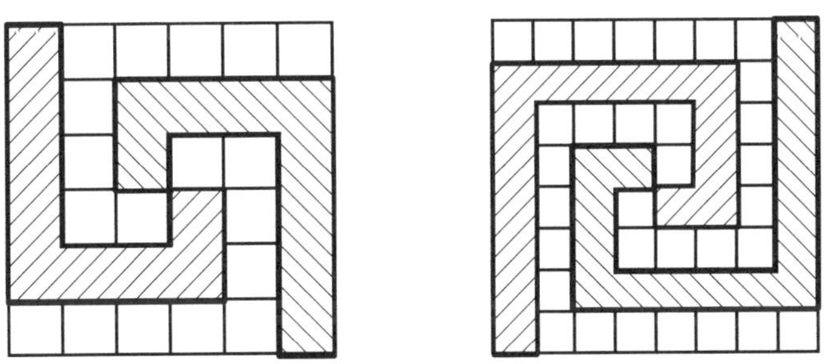

N'oublions pas que la finalité de cette réflexion est d'obtenir des découpes montrant le savoir faire d'une entreprise.

Et sur des grilles de plus en plus fines

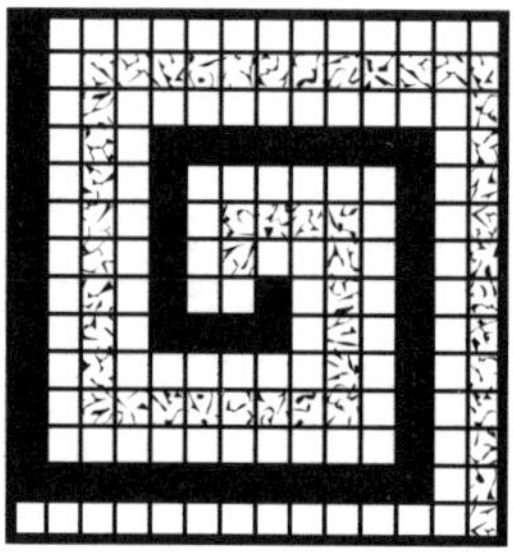

À gauche, la construction sur une grille 14 × 14
(mais elle pourrait être plus simple ou plus compliquée).
À droite, les découpes qu'elle permet d'obtenir.
Notons que beaucoup de gens d'organisation refusent d'admettre que ce sont bien là des quarts de carré alors que les gens d'imagination le perçoivent intuitivement très vite.

Cette dernière idée, vraiment très « originale » dans l'acception psychométrique qui est la nôtre, puisqu'elle n'est trouvée que par 0,25 % de la population (et rappelez-vous que le « génie » commence à 2 %), est en général refusée, les participants au test « ne voyant pas » comment on peut diviser un carré de cette façon en quatre parties égales. Il faut leur expliquer patiemment. Solitude du créatif visionnaire...

Il existe en fait, à ce problème, une infinité de solutions (puisqu'on peut faire tourner les motifs dont trois, qui s'ajoutent aux quelques-unes que nous avons présentées, sont à portée de n'importe quelle équipe), partant de deux douzaines environ d'idées de base autour du centre du carré.

En manière de rappel (pédagogiquement nécessaire), les conclusions que l'on peut dès maintenant tirer de la résolution (en équipe) de ces trois petits problèmes – en analysant le mouvement des idées de chacun, le flux créatif qui se produit dans la tête des participants – sont les suivantes :

- il y a toujours plus de solutions à un problème qu'on ne le pense ;
- la première solution proposée par chacun n'est pratiquement jamais celle qu'il adoptera à la fin ;
- il faut toujours définir ses critères de choix entre les différentes solutions *avant* de chercher des solutions (si même ce processus est parfois réitératif) ;

- on trouve toujours plus de solutions à plusieurs que tout seul, et beaucoup plus si l'équipe est bien coachée créativement ;
- beaucoup a déjà été inventé, et la phase de recherche des solutions déjà existantes est capitale ;
- numérotez les idées (un des bons conseils de Tom Kelley d'Ideo), car c'est une façon de transformer le défi de départ en *challenge* ;
- l'intelligence créative n'est pas seulement l'art de trouver de bonnes idées, mais surtout l'art de savoir choisir ensemble la solution la plus gagnante parmi toutes celles produites ensemble.

La règle de trois créative

Plusieurs idées de solutions, donc, et jamais une seule, parce que, l'expérience le prouve, la première idée n'est pratiquement jamais la bonne (par quel déterminisme le serait-elle d'ailleurs ?), et parce que, redisons-le, un problème concurrentiel ou organisationnel n'est pas un problème de mathématiques à une seule solution possible. Mais alors combien, au minimum, et toujours ?

Pourquoi pas deux ? Pour deux raisons :

- pour ne pas risquer de s'enfermer dans un dilemme, du genre « nous n'avons pas le choix, c'est soit faire ceci, soit faire cela », les deux options étant également mauvaises ou pas assez bonnes ;
- pour éviter que le choix basé sur un seul critère soit purement subjectif, du type « j'aime /j'aime pas » et qu'une des deux idées ne soit finalement adoptée par un simulacre de vote, mauvaise procédure dans le cas d'une petite équipe où l'on demandera l'adhésion active de ceux dont la solution n'a pas été retenue.

Alors, combien ? Contrairement au brainstorming (recherche de noms par exemple) où la quantité prévaut sur la qualité, le nombre optimal demandé dans la recherche professionnelle d'idées de solutions ou d'innovations sera forcément très limité. Plus de deux, on l'a vu. Mais l'expérience montre qu'à partir de quatre, le risque est de démoraliser l'équipe au départ. Donc, trois ce qui est nécessaire et suffisant :

- pour créer une dynamique créative : on constate souvent que, face à trois idées intéressantes, l'équipe, sur sa lancée créative, dit : pourquoi pas quatre ?... et en trouve éventuellement cinq ou six ou plus (comme le montre Edward de Bono dans sa *Pensée latérale* avec sa méthode des quotas). Abondance de biens... mais attention au point suivant :

- pour chercher les critères de choix, les formaliser et les hiérarchiser (si ce n'est déjà fait) ;
- pour enrichir le challenge par la reformulation et la hiérarchisation des critères.

Comment trouve-t-on des idées ?

Rappelons-nous que « trouver » est, comme nous l'avons vu au chapitre 3 consacré aux définitions, un mot foisonnant dont les sens sont presque aussi multiples que ceux du mot « idée ».

Les idées, on les imagine (voie royale de l'imagination créatrice), on les *re*trouve, on les copie ou on les vole, on les découvre par hasard (*serendipitous discovery*), on les découvre à la suite d'une recherche, on les achète, on les associe [1], on rebondit dessus pour en trouver d'autres.

En général, on commence par les chercher, et un grand nombre de techniques, plus ou moins efficaces, peuvent y aider.

Techniques, outils, méthodes créatives, les listes d'idées pour en avoir sont pléthoriques.

Un site Internet, celui de Robert Alan Black [2] en donne 244.

James Higgins, plus modestement, 101 [3].

Le meilleur des sites faisant l'inventaire de toutes les techniques créatives est pour nous celui d'Andy Beckett, un consultant anglais en créativité, qui n'a recensé que 164 techniques (!) mais en présente une compilation remarquable sur son site *www.mycoted.com*.

Quelles sont les techniques « créatives » les plus efficaces – ou les moins inefficaces (qu'on ne voie pas là une figure de style – Osborn lui-même n'en voyait qu'une seule de réellement efficace : la combinaison d'idées, et qu'une seule façon d'amener des gens venant d'horizons différents à les combiner : le brainstorming osbornien) ?

---

1. Voir l'invention du walkman au chapitre 2. Bien souvent d'ailleurs, on constate qu'une idée provient de l'association de plus de deux univers ou procédés, de trois comme l'idée de l'imprimerie de Gutenberg (des poinçons métalliques, une encre grasse, une presse à raisin) ou de la planche à voile (combinaison au départ d'une planche et d'une voile puis d'un snowsurf), ou de l'association de plus de trois (quatre dans la moto-neige : des chenilles, un dispositif d'entraînement de celles-ci, un guidon, un ski directeur), cinq dans le cas de l'avion DC-3 de Douglas en 1935, un avion dont certains exemplaires sont toujours en service (des volets d'intrados, un train d'atterissage escamotable, des moteurs en étoile, des hélices à pas variable, un fuselage monocoque, dont aucun n'était une nouveauté, mais dont la conjonction en faisait une combinaison gagnante).

2. Voir : *www.cre8ng.com* (ce n'est pas une faute d'orthographe mais un jeu de mots : cre-eigh-ng).

3. *101 Creative Problem Solving Techniques, The Handbook of New Ideas for Business* : vous trouvez la liste de ces 101 techniques dans l'extrait du livre offert en ligne par *Amazon.com*.

La seule technique vraiment connue : le brainstorming remue-méninges

La technique la plus populaire, et de très loin, voire la seule connue de la plupart des gens qui vous disent « faire de la créativité », c'est justement le fameux « remue-méninges », technique comprise comme une réunion informelle un peu exceptionnelle où chacun a le droit de dire ce qui lui passe par la tête (voir ci-dessus, chap. 2).

Ce n'est pas parce qu'une technique est très populaire et très employée qu'elle est efficace. Pour notre part, en dehors de la publicité et de la recherche de nom (de marque, de produit ou d'entreprise), nous n'avons *jamais* vu un remue-méninges produire une idée (de solution) efficace [1]. Et, malgré tous nos efforts pendant la rédaction de ce livre, nous n'avons jamais trouvé un homme d'entreprise qui puisse nous citer un exemple concret probant d'efficacité *finale* de cette technique.

Si vous tenez vraiment à organiser un remue-méninges, méditez ce conseil repris par tous les experts : n'y participez surtout pas ! Posez le problème, assurez-vous qu'il est bien compris de tous et quittez la salle où se tient la récréation. S'il le faut, et il le faut dans la majorité des cas, faites-le animer par un expert. Si vous participez, vous n'aurez que des solutions politiquement correctes, sans intérêt [2]. Et méditez le tableau de la p. 47 qui vous rappelle les limites du brainstorming, même dans sa version sérieuse, la version « commando » d'Osborn [3]. La plus importante de ces limitations est que les participants ne sont absolument pas impliqués dans la mise en œuvre des idées qu'ils génèrent.

Le concassage

De même, la technique du concassage – rebaptisé dans les années soixante-dix Scamper [4], un acronyme pour : Substitute, Combine, Adapt, Magnify, Modify, Put To

---

1. Ce qui n'était pour nous au départ qu'une évidence a été depuis confirmé expérimentalement Plusieurs études scientifiques récentes démontrent même que le brainstorming est moins efficace qu'une réflexion de personnes isolées. Voir par exemple l'article : « Le brainstorming en question », dans le très sérieux *Cerveau et Psychologie*, n° 3, septembre 2003, qui arrive à cette conclusion tragique que le brainstorming est un mythe. On a moins d'idées en groupe que tout seul !

2. Voir : « Six Sure Ways to Kill a Brainstorm » par Tom Kelley, le patron d'Ideo Product Developent *http://www.fastcompany.com/change/change_feature/kelley2.html.*

3. Nous l'appelons version « commando » en référence aux propres termes d'Alex Osborn qui parlait de son brainstorming comme étant, nous citons, « l'attaque d'un problème dans un style commando ».

4. Robert Eberle, *Scamper Games for Imagination Developpment*, Dok, 1971. C'est un livre qui est à classer dans la catégorie « créativité scolaire ».

Other Uses, Eliminate, Rearrange, Reverse (aussi devrait-on peut-être dire : SCAMMPERR) – est amusante pour produire des idées publicitaires ou des idées de visuel mais d'une efficacité douteuse par ailleurs. Philippe Halsman, l'auteur de *Dali's Moustache* et de *Jump Book* (voir amazon.com), en a donné une démonstration convaincante dans un délectable petit livre : *Halsman On The Creation of Photographic Idea.*

Les techniques les plus efficaces

Le « Google-storming »

Nous en avons déjà parlé à l'étape 2.

C'est monter à l'assaut des quatre ou cinq – bientôt six, demain dix – milliards de pages du web, au moyen de ce qui est bien l'une des *innovations* les plus stupéfiantes de ces dernières années, le moteur de recherche, et plus particulièrement du plus stupéfiant d'entre eux : Google.

Exemple : vous *découvrirez* en quelques secondes un certain nombre de solutions aux trois problèmes ci-dessus. Combien de temps auriez-vous mis sans cela ?

Calculez le rapport.

Certes, c'est tricher, car ce n'est plus un test… Mais quand on cherche des solutions à un *vrai* problème ?

Le challenge quantitatif

Cette technique est déjà incluse dans notre méthode, mais on peut l'en extraire pour l'utiliser seule. Exiger et se mettre d'accord sur un saut quantitatif : des résultats ou des performances deux fois supérieurs aux précédents ou à ceux attendus (ou au minimum racine de 2, ou 140 %). En faire deux fois plus, c'est obligatoirement trouver une solution, une nouvelle façon de faire, faute de quoi il n'y pas de solution, et dans ce cas on continue…

La méthode du quota d'idées de solution

De même, cette autre technique est déjà incluse dans notre méthode, mais on peut là encore l'en extraire pour l'utiser seule. S'imposer un nombre donné minimum de solutions, au moins trois. Interdiction absolue de prendre une décision avec moins de trois options nettement différenciées.

L'écoute forcée des idées des autres

À l'image de la société dans son ensemble, un des principaux facteurs de blocage (de la créativité) est le manque d'écoute réciproque au sein d'une équipe.

Il existe deux techniques pour forcer les membres d'une équipe à prendre en considération les idées des autres :

- **l'avocat de l'ange**, technique proposée par le consultant américain Sidney Shore [1] : toujours trouver à reprendre (pour ne pas dire « à piquer ») deux idées des autres ;
- **la méthode PMI** (Plus – Minus – Intéressant), souvent traduite par PNI (Positif – Négatif – Intéressant) d'Edward de Bono [2] : on demande aux autres – et à soi-même – de classer les idées produites en trois paquets :
- P = « Plus », c'est-à-dire celles qui comportent des points positifs, des bons côtés ;
- M = « Moins », celles qui comportent des points négatifs ;
- I = « Intéressantes », celles qui présentent des points dignes d'intérêt.

On rebondit méthodiquement sur les « I », les idées intéressantes.

La méthode du « Comment faire pour... ? Comment faire pour... ? Comment faire pour... ? »

« Comment faire pour ?... (ter) » pouvoir faire ce qu'on cherche à faire malgré les difficultés, pour pouvoir éviter tel inconvénient, pour pouvoir vaincre telle résistance psychologique, pour acquérir tel savoir-faire qui fait défaut, etc. Trouver des voies et des moyens pour contourner les obstacles successifs qui se dressent et empêchent d'avancer. Non pas chercher pourquoi ça ne marche pas, mais comment faire pour que ça marche.

La matrice de combinaisons morphologiques

Nous avons commencé à en construire une au cours de l'étape 2 pour classer les solutions que nous avions trouvées dans notre exploration des solutions existantes.

---

1. Voir : *http://gabrielames.com/Angel_s_Advocate/angel_s_advocate.html.*
2. Voir « Le PMI », dans : *Réfléchir mieux*, *op. cit.*, p. 21-28.

Utilisons-la maintenant, d'une part comme les physiciens ont utilisé la table périodique de Mendeleev pour découvrir de nouveaux éléments comme le gallium, le scandium et le germanium en cherchant à en remplir les cases vides et, d'autre part, en choisissant des combinaisons fournissant des solutions inattendues et potentiellement efficaces.

Déplacement urbain individuel : la matrice de combinaisons morphologiques des solutions et l'émergence des idées de solutions

Catégorie	Roller	Patinette	Trottinette	Vélo	Vélomoteur	Scooter	Moto	Voiturette	Auto
Nombre de roues	Une	Deux en tandem	Deux accolées	Trois (1AV + 2AR)	Trois (2AV + 1AR)	Quatre	Quatre en losange	Six	
Nombre de places	Une	Deux	Trois	Quatre	?				
Motorisation	Essence	Gazole	Hybride	Électrique	Solaire	Hydrogène	?		
Carrosserie	Sans	Ouverte sur les cotés	Fermée	Convertible (canopy)	?				
Énergie	Bras	Pieds	Jambes	Moteur	?				
Configuration	Fixe	Modulable	Pliant	?					
Dimensions	1 m x 1 m 50	1 m 50 x 2 m	1 m 50 x 2 m 50	Etc.					
Crash Test	1	2	3	4	5				
	Solution Alternative A	Solution alternative B	Solution alternative C	Sol D					

On retrouve ici, enrichie par l'exploration des solutions, la matrice de combinaisons morphologiques construite a priori *lors de l'étape 2 et les combinaisons qui mènent à trois solutions alternatives nettement différenciées (une paire de chaussures/patins : une patinette à trois roues, 1 AV et 2 AR, et à pile à combustible ; une auto à une place, trois roues, 2 AV et 1 AR, électrique, etc.)*

Trois solutions alternatives parmi les innombrables combinaisons posibles :

A / des chaussures de sport à semelle très épaisse contenant des roues escamotables (reprenant l'idée des StreetFlyers) (www.streetflyers.com) ;

B / une trottinette démontable à pile à combustible logée dans une roue orbitale (reprenant l'idée d'Easy-Glider) (www.easy-glider.com) ;

C / une toute petite conduite intérieure trois roues (3 AV + 1 AR), une place, électrique (sans permis), mesurant 1 m 50 sur 1 m (reprenant l'idée de la Pasquali Riscio utilisée par les Poste italiennes) qui présente pour certains une caractéristique rédhibitoire (une note éliminatoire au crash test) ;

D / la solution D pourrait être la Zedis (pour *Zero Emission Downsized Improved Safety*), un projet de tricycle pendulaire des universités techniques de Bath et de Berlin dans lequel Piaggio s'est impliqué, très proche du C1 de BMW (mais à trois roues), ayant la même préoccupation vis-à-vis de la sécurité et noté 4 en crash test ;

E / la solution E, un vélo pliant électrique. Etc.

La matrice « Autre - Autrement »

Au niveau stratégique, l'objectif est de surprendre les concurrents en les attaquant sur un *autre* terrain que ceux sur lequel ils vous attendent, et d'une façon *autre* que celle à laquelle ils s'attendent (ce qui nous ramène à la définition de la créativité donnée par Edward de Bono : de l'*efficacité inattendue*, mais ici il s'agit de créativité *concurrentielle*).

Il s'agit de la vieille (1980) matrice de Roberto Buaron, alors chez McKinsey New York, redécouverte vingt ans plus tard (novembre 2001) par ce même cabinet [1]. Elle n'a pas une ride.

Au plan du terrain (Où ?) (Quoi ?) (À qui ?)

- Soit sur le même terrain,
- Soit sur autre terrain.

Au plan de la façon de commercialiser votre offre (comment ?)

- Soit de la même façon que vos concurrents
- Soit d'une autre façon que celle de vos concurrents, autrement.

Ce qui nous donne quatre possibilités :

- celle d'une stratégie frontale (« même »-« même ») débouchant fatalement sur une guerre des prix ;
- celle d'une stratégie (marketing) de différenciation (de niche, de positionnement, marketing de l'offre, etc.) ;
- celle d'une stratégie de service, de culture d'entreprise, de style, etc. mise en œuvre par tous ceux qui sont au contact des clients (commerciaux, etc.)
- celle d'une stratégie de différenciation totale (« autre »-« autre ») entrainant des *success-stories* du type Tupperware, Apple MacIntosh, Renault Espace, Amazon.com, etc.

---

1. Voir dans le numéro de novembre 2001 de *The McKinsey Quaterly* : *www.mckinseyquarterly.com/*.

La matrice AUTRE-AUTREMENT

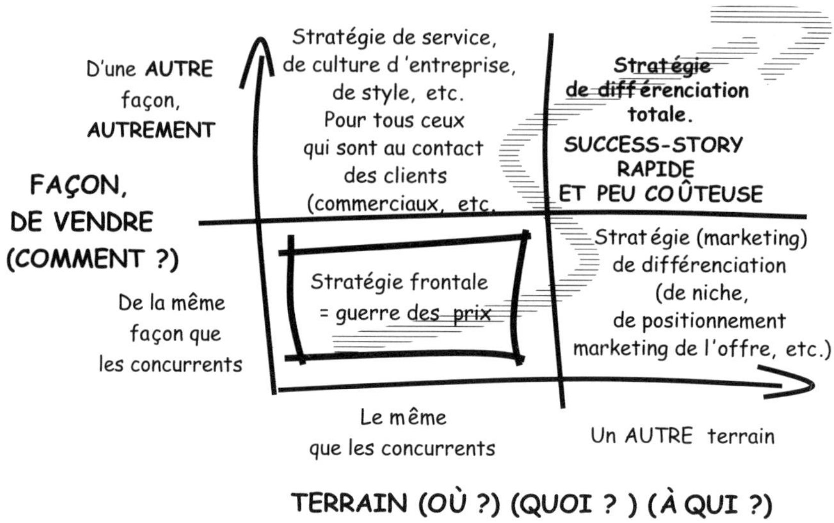

La technique consiste à toujours s'efforcer de sortir du cadre « même-même » pour gagner par une voie ou par une autre la case « AUTRE-AUTRE » en haut à droite.

On retrouve ce mouvement de pensée, cette tension créative de l'autre-autrement dans la réflexion créative de tous les grands stratèges militaires. Un seul exemple : la prise d'Aqaba par Lawrence d'Arabie qui s'empare sans coup férir de ce port (situé tout au fond du golfe du même nom et puissament fortifié contre toutes les attaques conventionnelles venant de la mer) en l'attaquant de l'intérieur des terres – ce à quoi les Turcs ne s'attendaient pas – et à la tête de Bédouins – ce à quoi ils ne s'attendaient pas plus. « Aqaba ! Aqaba ! Par l'intérieur ! » correspond, dans le domaine de l'action, à l'« Eurêka ! » d'Archimède.

Nous avions donné la philosophie et la méthodologie détaillée de l'utilisation de cette matrice dans notre livre *Warketing ! Une autre vision de la stratégie*. On la trouvera sur le site *www.intelligence-creative.com*.

La récupération « sérendipitante » de l'imprévu

La principale *source* d'innovation réside, nous l'avons dit, pour nous (et entre autres, pour Peter Drucker), dans la capacité de récupérer l'imprévu, l'accident, dans la réussite ou l'échec (voir ci-dessus).

On trouvera une bonne présentation de cette philosophie créative dans un vieil article de l'*Harvard Business Review*, republié treize ans après sa première parution, et disponible en ligne (*The discipline of Innovation*, un article de juin 1985, repris en nov-déc. 1998, HBR, téléchargeable [1]).

Les techniques de génération des idées par les clients

Nous entendons par là toutes les techniques créatives, qui font appel aux clients, ou aux utilisateurs, aux consommateurs, aux amis, pour leur demander de bien vouloir contribuer à la génération d'idées de solution.

On commencera toujours par une phase de documentation (voir étape 2).

Citons quatre méthodes parmi beaucoup d'autres :

- le brainstorming participatif avec le client
- les panels de consommateurs de pointe
- le benchmarking *« out-of-the-box »*
- la troisième qualité de Kano.

Le brainstorming participatif avec le client

Fisher et Ury avaient déjà proposé de réaliser, lors d'une négociation, un brainstorming parallèle avec les concurrents afin de trouver des solutions communes [2].

Alan Barker propose le brainstorming participatif avec le client, comportant des phases successives de divergence (où on lui apporte des idées) et des phases successives de convergence (où le client sélectionne et retient celles qui lui paraissent bonnes) au cours des trois étapes clés d'un bon *problem-solving* :

1. la redéfinition du problème du client
2. la génération d'idées de solution
3. la génération de solutions pour chacune des idées de solution retenues.

Les « lead-users » et l'exploitation des résultats attendus par les utilisateurs pionniers

Il s'agit soit de repérer les tendances émergentes, de trouver des idées auprès des utilisateurs et consommateurs les plus avides d'innovation (*« early adopters »* mode

1. Pour quelques dollars : *www.hbsp.harvard.edu/hbsp/prod_detail.asp ?3480.*
2. Voir : Roger Fisher & William Ury, *Comment réussir une négociation*, Seuil, 1994.

ou techno [1]), soit d'une méthode de recherche d'innovation en cinq points partant non pas des besoins des utilisateurs mais des *résultats* que les utilisateurs attendent de l'utilisation du produit [2].

Le benchmarking « out-of-the-box »

Le benchmarking *« out-of-the-box »*, dit aussi « générique », et qui affiche des résultats spectaculaires (gains de l'ordre de 35 %), consiste à étudier les méthodes d'entreprises dont le secteur d'activité n'a aucun rapport avec le vôtre (voir étape 2 et un bon article sur le site de l'APQC [3]).

La « troisième qualité » de Noriaki Kano

Le dépassement *(stretch)* des attentes des clients, c'est-à-dire le fait de leur proposer des caractéristiques produit ou des services auxquels ils ne pensaient pas et qui les séduisent, est facilité par la conception des quatre types de qualité de Noriaki Kano [4], qui applique à la satisfaction du client les concepts de Frederick Herzberg sur la satisfaction dans le travail.

Les services prennent le pas sur les produits, et les caractéristiques relationnelles (pour ne pas dire psychosociologiques) sur les caractéristiques techniques. C'est une grande idée qui n'a eu pratiquement aucun succès en France. Peut-être parce que le diagramme de Kano – tel qu'il le donne – n'est pas la meilleure façon de représenter sa théorie. Nous en proposons une version légèrement différente.

Kano part de l'idée que la satisfaction et l'insatisfaction ne sont pas un continuum, mais sont deux choses différentes, mesurables sur deux échelles différentes (comme le plaisir et la douleur). Les facteurs de satisfaction ne sont pas les mêmes, en positif, que les facteurs d'insatisfaction : « ne pas être insatisfait » ne veut pas dire que « l'on soit satisfait », pas plus que « ne pas être satisfait » ne veut dire que l'on soit « insatisfait ».

---

1. Voir : « Customers as Innovators. A New Way to Create Value » de Stefan Thomke & Eric von Hippel, *Harvard Business Review*, avril 2002 (téléchargeable en pdf, 6 $).
2. Voir : « Turn Customer Input into Innovation » d'Anthony Ullwick, *Harvard Business Review*, janvier 2002 (téléchargeable en pdf, 7 $).
3. Voir : *http://www.apqc.org/free/articles/dispArticle.cfm ?ProductID=647*.
4. Très bien présentée dans le livre de Shoji Shiba, *La Conception à l'Écoute du Marché*, Insep Éditions, 1995.

L'objectif de la méthodologie est de trouver des caractéristiques-produit ou prestations qui entraînent une satisfaction *inattendue* du client. Kano démontre que la satisfaction est alors une fonction *exponentielle* des efforts consentis, et non plus seulement proportionnelle, comme on pouvait s'y attendre.

L'idée est brillante, la méthologie est lourde. Nous lui préférons la matrice « Surprise ! Surprise ! » qui cherche le moyen de surprendre les clients *et* les concurrents.

Les techniques de génération des idées par la prise en compte des concurrents

Il s'agit de techniques créatives qui utilisent la provocation concurrentielle pour stimuler l'intelligence créative.

Nous en voyons principalement deux :

- la matrice « Surprise-Surprise »,
- l'imagination de scénarios concurrentiels (les *wargamings*).

La matrice « Surprise ! Surprise ! »

Ou plutôt : la matrice *mauvaise* surprise pour les concurrents, *bonne* surprise pour les clients. C'est une matrice créative cherchant à faire générer des idées, des solutions, des actions, faites pour surprendre les concurrents et étonner les clients.

Vis-à-vis des clients on peut adopter deux attitudes :

- respects de leurs attentes ;
- chercher constamment à dépasser (*stretch*) leurs attentes en leur proposant des idées auxquelles ils ne pensaient pas, qu'ils n'auraient même pas imaginées et qui lcur font plaisir. Chercher à leur faire une *bonne* surprise.

Vis-à-vis des concurrents on peut aussi adopter deux attitudes :

- être dans leur jeu (dans leurs anticipations). Avoir des idées auxquelles ils s'attendaient ;
- être hors de leur jeu. Avoir des idées de produits ou de services auxquels ils ne s'attendent pas, ou bien commercialiser des produits ou des services ils ne croient pas. Chercher à leur faire une *mauvaise* surprise comme nous l'avons vu lorsque nous avons présenté la matrice Autre-Autrement.

La matrice « SURPRISE ! SURPRISE ! »

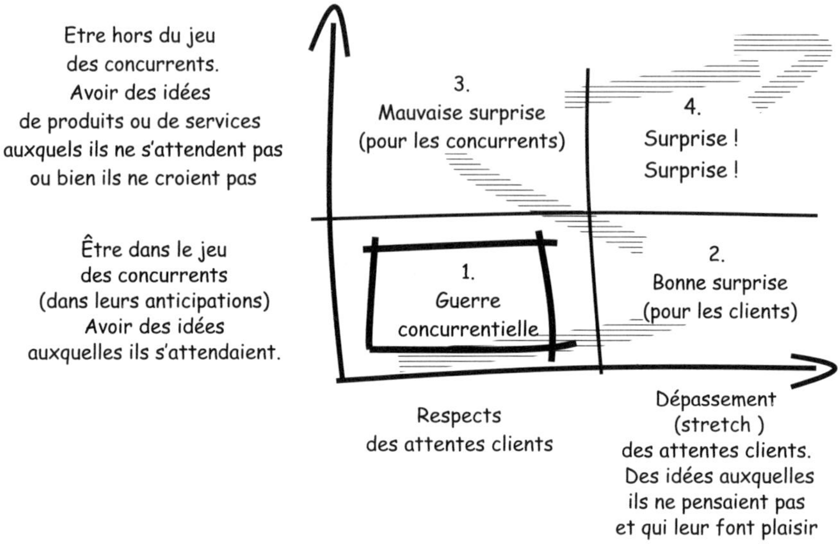

Le challenge créatif du « SURPRISE ! SURPRISE ! » : sortir du cadre de l'attendu vis-à-vis des clients et des concurrents pour parvenir à l'objectif en suivant le chemin du cobra : Surprise ! Surprise ! (bonne pour le client et mauvaise pour les concurrents).

Cette matrice a démontré son efficacité au cours d'innombrables réunions et séminaires. On demande tout simplement aux participants de cesser de présenter des idées auxquelles s'attendent plus ou moins les clients et les concurrents et qui entraîneront inéluctablement dans une guerre des prix, et de ne proposer que des idées efficaces auxquelles ne s'attendent ni les clients ni les concurrents. Surprise ! Surprise !

L'imagination de scénarios concurrentiels : les wargamings

Nous avons consacré un livre à la mise en pratique, par une méthodologie détaillée, de l'analogie extrêmement féconde entre les stratégies miltaires et les stratégies d'entreprise [1].

---

1. *Warketing ! Une autre vision de la stratégie*, ESF, 1993. Voir l'article : « *Maneuver Warfare* » sur la guerre de mouvement appliquée aux entreprises dans *Harvard Business Review* d'avril 2002.

La méthode des wargamings est utilisée entre autres et sous l'impulsion, en France, de Pierre Rodocanachi, par le cabinet de consultants Booz Allen Hamilton. Mais il s'agit là de versions informatisées, lourdes et coûteuses (500 000 euros et plus).

Les *wargamings* ou méthode des scénarios concurrentiels inspirés des méthodes extrêmement provocatrices (c'est-à-dire provocantes pour l'imagination stratégique) de raisonnement d'état-major, n'a cessé de s'enrichir sans changer dans ses principes en dix ans de pratique dans une centaine d'entreprises.

Le challenge-storming : plus qu'une méthodologie, une philosophie

Nous proposions, à la fin du chapitre 5, de désigner par le mot de *challenge-storming* notre méthodologie d'attaque (créative et collective) d'un challenge.

Il nous faut dès maintenant présenter les conséquences de cette approche très différente du problem-solving (qui consiste à s'attaquer à la cause d'un problème *quand il est trop tard*).

Les grands points d'une méthodologie créative de résolution d'un challenge sont les suivants :

1. le challenge : ce qu'on cherche à atteindre, réaliser, être, conquérir, gagner, etc. – bien que ce soit (éventuellement) à la limite de l'impossible ;
2. le problème : tout ce qui empêche ou empêchera de le remporter ;
3. les contraintes, limitations, valeurs, etc., qui empêchent de faire n'importe quoi, les moyens que l'on ne peut ni ne veut utiliser ;
4. plusieurs idées de solution, très différentes, pour pouvoir choisir – l'expérience montre que, si le point 4 est correctement observé, la décision s'imposera d'elle-même au sein du groupe ;
5. enfin, et ici la dernière version (la 6.1) du Creative Problem Solving [1] commet à nos yeux une erreur en introduisant à ce stade, avec une fausse logique, la planification de la mise en œuvre de l'idée. C'est une conception d'homme d'organisation. Si challenge il y a, un vrai challenge, il est douteux que LA solution définitive soit trouvée dès maintenant. *C'est dans l'action que se revèleront les solutions concrètes*. Dans *Vol de Nuit* de Saint-Exupéry, Rivière – alias Didier Daurat, le patron de la base de Toulouse de l'Aéropostale – dit : « Dans la vie, il n'y a pas de solutions. Il n'y a que des forces en marche. Il faut les créer et les solutions suivent ». Il veut dire que dans toute grande entreprise humaine, dans une aventure comme celle de l'Aéropostale – un challenge *impossible*, les calculs l'avaient démontré – il n'y a pas de solution magique, de solution toute faite, il n'y a qu'un ensemble de solutions à des problèmes qui se révèlent chaque jour dans l'action. Pour les découvrir, il faut commencer par

1. Dont nous avons dejà parlé chapitre 2.

agir. Avec une idée en tête, un challenge partagé, une obsession commune, le courrier à Santiago-du-Chili, quel que soit le temps !

Étape 6.
Choisir en équipe la plus mobilisatrice des trois meilleures solutions

Il faut maintenant évaluer tous ensemble les solutions, non pas seulement de façon « objective », comme les matrices de décision multi-critères en ont l'ambition (l'expérience montre qu'on n'en applique pas les conclusions ou que ces conclusions soulèvent des difficultés imprévues), mais aussi de façon *subjective*.

N'oublions pas la formule magique de l'efficacité d'une solution $E = Q \times A$ présentée à la fin du chapitre 5. Qu'est-ce qu'une bonne solution ? C'est une solution qui entraîne l'adhésion générale.

Pour cela, il faut :

- reconsidérer éventuellement les critères de choix et leur hiérarchisation en fonction du challenge et des solutions trouvées (qui ont pu faire apparaître des critères auxquels on n'avait pas pensé au départ) ;
- évaluer *collectivement* les solutions trouvées sur une matrice interactive d'évaluation partagée.

On évalue les idées de solutions en fonction des trois critères de choix les plus importants qu'il est possible de pondérer.

Les degrés de qualité d'une solution alternative pourraient s'évaluer sur une échelle à sept niveaux, par exemple : très mauvaise ; mauvaise ; acceptable ; assez bonne ; bonne ; très bonne ; géniale, mais il est rarement possible, au sein d'une équipe, de distinguer plus de trois degrés de qualité d'un critère : faible, moyen, fort ; ou peu, moyen, beaucoup, etc.

Évaluer les idées de solution

Quelle solution au problème du carré l'équipe va-t-elle proposer au client ?

Par exemple, pour reprendre quelques-unes des solutions, sur deux critères, la facilité d'exécution et l'originalité, on aurait ceci :

Le positionnement des solutions alternatives au problème du carré sur une matrice d'évaluation

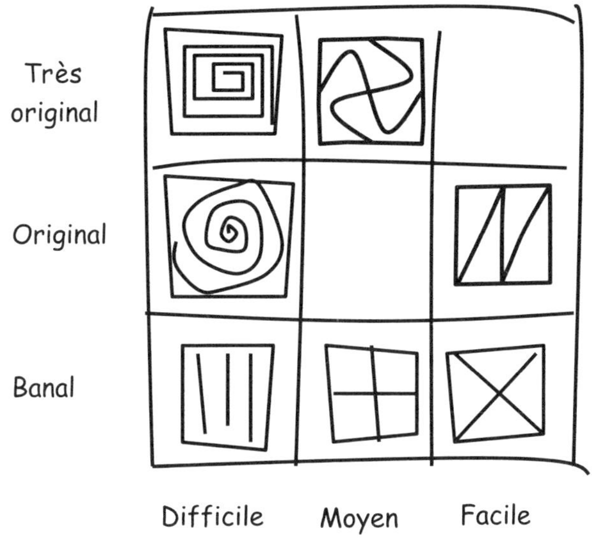

Comment placer les solutions alternatives sur une matrice à deux critères d'évaluation simples : la facilité de construction graphique et l'originalité du dessin.

Pour gagner sur les deux tableaux, celui de la facilité d'exécution et celui de l'originalité, est-il possible, en partant des idées de solution ci-dessus, de les améliorer afin de pouvoir les positionner dans la case en haut à droite ou, à tout le moins, de pouvoir les déplacer dans cette direction ?

Évaluer des idées alternatives de projet

Prenons l'exemple d'un challenge : réduire significativement les frais de logistique d'une entreprise. Quatre idées s'affrontent et trois grands critères de choix émergent au sein de l'équipe : la difficulté de mise en œuvre, les coûts et l'impact du projet retenu.

Comment évaluer ces projets en équipe afin d'en choisir un qui emporte l'adhésion générale, tout en maintenant la tension créative au plus haut niveau possible ?

Non pas en les évaluant sur une matrice de décision multicritères, qui derrière son apparente rationalité, est en fait très subjective et ne fait jamais l'unanimité, mais en les disposant sur une matrice d'évaluation dynamique comme celle que nous avons commencé à construire à l'étape 3 (et que nous allons présenter ici en tableaux classiques au format PowerPoint, faciles à construire et à envoyer éventuellement par e-mail).

Les quatre idées de projets
sur une matrice d'évaluation multicritères classique

	Projet A	Projet B	Projet C	Projet D
Impact, bénéfices	X X X	X X X	X X	X
Coûts, investissement financier	X X X	X	X X	X
Facilité et délais de mise en œuvre	X	X	X X	X X X
Total				

Une évaluation multicritères classique. Faire le total objectif de chaque colonne nécessite une pondération de chaque critère dont le côté artificiel n'échappe à personne. Elle n'emporte pas l'adhésion et n'entretient pas la tension créative.

Nous avons plusieurs matrices d'évaluation dynamique possibles suivant la hiérarchie finale des critères adoptée par l'équipe.

Critères prioritaires : la facilité de mise en œuvre d'abord, les coûts ensuite

X Peu coûteux	Projet B Fort impact		Projet D Faible impact
X X Assez coûteux		Projet C Impact moyen	
X X X Très coûteux	Projet A Fort impact		
	X Très difficile	X X Assez difficile	X X X Facile

Face à cette matrice, l'équipe doit choisir entre :
- *la mise en œuvre du projet B – et alors accepter les problèmes que celle-ci va poser ;*
- *la mise en œuvre du projet C, moyen en tout ;*
- *ou celle du projet D, avec un challenge : comment en augmenter l'impact ?*

Critères prioritaires : les coûts d'abord, la facilité de mise en œuvre ensuite

X X X Facile			Projet D Faible impact
X X Assez facile		Projet C Impact moyen	
X Difficile	Projet A Fort impact		Projet B Fort impact
	X X X Très coûteux	X X Assez coûteux	X Peu coûteux

Quel est le projet que l'équipe veut amener dans la (bonne) case, celle en haut à droite, tant qu'elle ne trouve pas d'idée (de solution) pour augmenter l'impact du projet D ? Le projet D, mais il faut peut-être alors en sous-traiter une partie de la mise en œuvre ; ou bien le projet C à améliorer sur les trois critères ?

Critères prioritaires : la facilité de mise en œuvre, puis l'impact (retombées financières)

X X X Gros impact	Projet A coûteux Projet B Peu coûteux		
X Impact moyen		Projet C Assez coûteux	
X Faible impact			Projet D peu coûteux
	X Difficile	X X Assez facile	X X X Facile

Et là que faire ? Que choisir ? C'est à l'équipe de dire (ou, si l'on accepte le mot, de décider ensemble) quel projet elle veut amener dans la case en haut à droite pour en faire son projet gagnant.

Évaluer des idées d'innovation

Choisis pour leur simplicité démonstrative, les deux exemples précédents restent un peu abstraits. Prenons-en un plus concret : celui de la mobilité urbaine. C'est un problème que tout le monde connaît : la difficulté de circuler et de stationner dans les villes. Et limitons-nous aux solutions produits : celles des projets, des prototypes, des concept-cars et des véhicules déjà commercialisés en éliminant les solutions politiques (péages, réglementations, etc.) ou urbanistiques (infrastructures, parkings, etc.)

Un critère clé apparaît dès que l'on veut évaluer les solutions alternatives, un critère si important qu'il correspond à une segmentation du marché : la protection contre les intempéries. Soit donc, d'une part, les véhicules à conduite intérieure et, d'autre part, les véhicules sans protection du conducteur, chacun répondant à des critères d'évaluation différents.

Une matrice d'évaluation des petits véhicules urbains

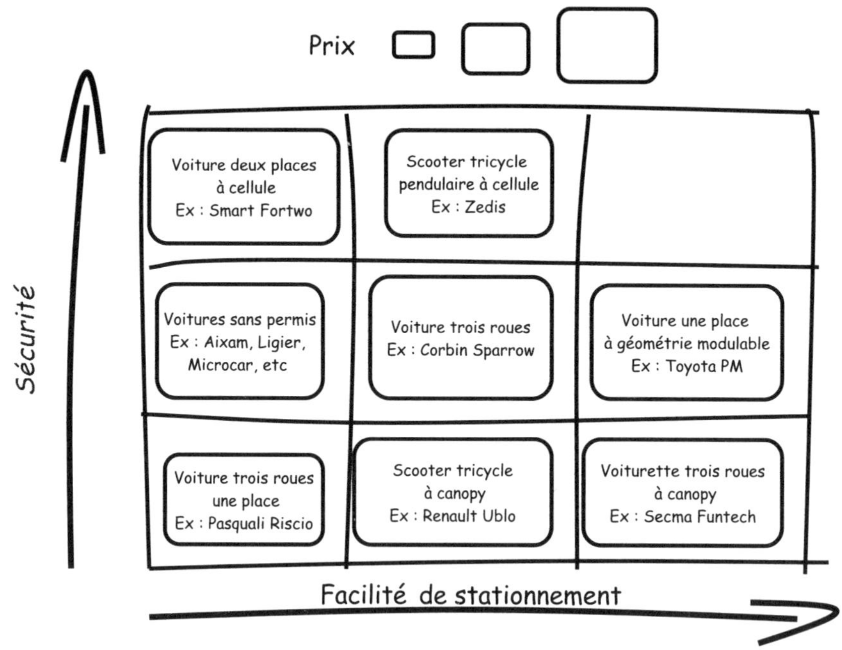

Les solutions alternatives ont été placées un peu au hasard sur la matrice pour être évaluées collectivement. Le prix, troisième critère, n'a provisoirement pas été pris en compte. On trouvera les photos de toutes ces solutions sur le site www.intelligence-creative.com

On peut imaginer, et d'autres l'ont fait avant nous, à la suite d'un *google-storming* et des combinaisons suggérées par une matrice d'analyse et de combinaison morphologique, des petites voitures à une place et à trois roues comme la Pasquali Riscio, ou la Corbin Sparrow, des petites voitures à canopy comme la Secma Funtech, des scooters pendulaires à trois roues comme le Zedis ou le Honda Gyro Canopy, des scooters tricycles rigides à canopy comme le Renault Hublo, etc. Le problème n'est pas de trouver des idées d'innovation mais de choisir celles qu'on va ensemble choisir de développer. Éliminons-en certaines qui sont du domaine du farfelu comme le fameux tricycle électrique à pédales Sinclair C5, fiasco marketing des années soixante-dix. Positionnons tous ensemble les solutions alternatives viables sur une matrice dont les deux dimensions premières sont la facilité de stationnement et la sécurité en cas de collision.

Évaluation d'autres solutions alternatives : les tout-petits véhicules urbains

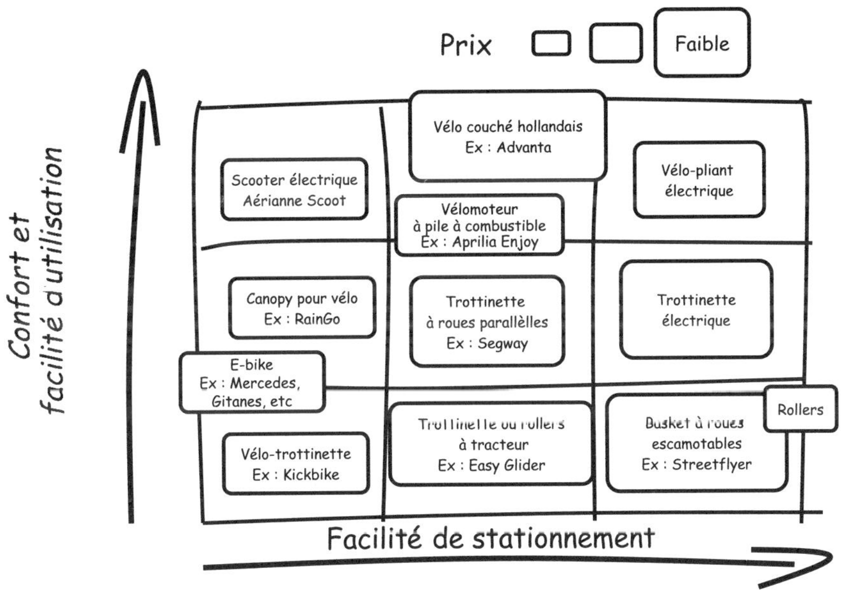

Un exemple d'évaluation de concepts alternatifs de mobilité urbaine
sur trois critères : encombrement, confort, etc.
Là encore, le prix n'a pas été pris en compte.
Et l'on trouvera les photos de toutes ces solutions sur le site du livre.

Si l'on continue l'inventaire des solutions imaginées et proposées, avec des véhicules de plus petite taille (et là encore en éliminant des solutions proposées avec le plus grand sérieux comme celle d'une moto volante, l'Airbike, par Allied

Aerotechnics), on trouve des baskets à roues escamotables comme les Streetflyer, une trottinette à roue avant orbitale motrice comme l'EasyGlider, un vélo-trottinette (le Kickbike), une trottinette électrique aux deux roues parallèlles (le Human Transporter Segway) ; des vélos couchés, bien évidemment, mais ceux-ci présentant l'inconvénient et le danger d'être très bas, un modèle de vélo couché hollandais haut sur pattes l'Advanta (entre parenthèses très proche des rêves des plus fous de Carelman) ; des vélos électriques (e-bikes) ; des vélos électriques pliants ; et jusqu'à la solution très simple de doter un bon vieux vélo d'un canopy repliable qui déplié protège l'utilisateur par mauvais temps.

Les critères d'évaluation ne vont pas être les mêmes que précédemment. Si la facilité de stationnement est toujours le critère clé le confort et la facilité physique d'utilisation est maintenant le deuxième critère de choix.

Cette évaluation doit se faire de façon collective et interactive (vidéo-projection par exemple). Veillez à ce qu'elle reflète bien l'opinion générale, prenez le temps qu'il faut pour cela, et faites une copie d'écran. C'est une photo de l'évaluation partagée de votre équipe.

Positionnement à l'écran des différentes solutions sur la matrice d'évaluation

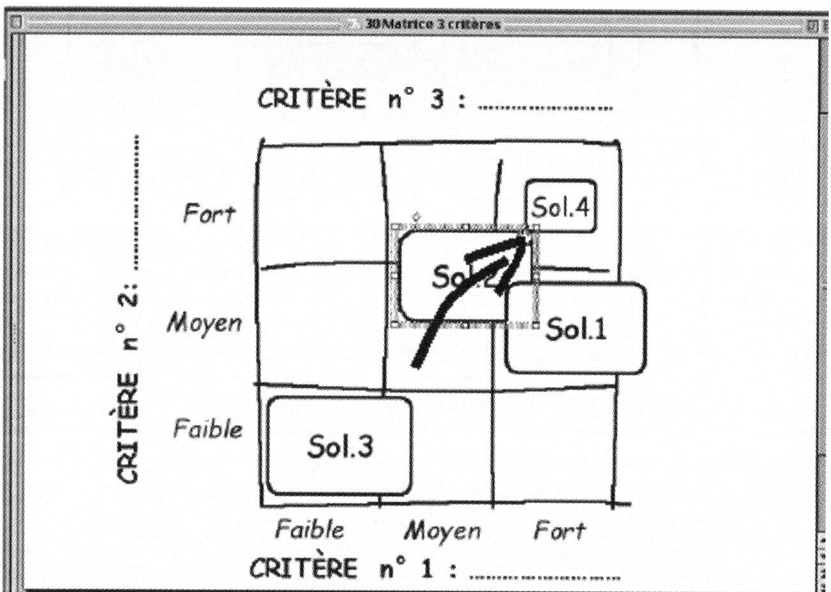

Matrice d'évaluation des différentes solutions sur écran mural (PowerPoint et vidéoprojecteur) devant toute l'équipe.

Il est capital d'avoir déterminé les critères et leur pondération *avant* d'avoir imaginé des solutions – faute de quoi chacun dans l'équipe manipulera les critères pour faire prévaloir *sa* solution.

En univers concurrentiel, toujours évaluer ses idées de stratégies au travers d'une confrontation avec les stratégies potentielles des concurrents

Nous avons mentionné plus haut la méthode des *wargamings* inspirés des exercices opérationnels d'état-major militaire [1].

Au cœur de leurs méthodologies, on trouve une confrontation sur une matrice 3 × 3 (l'expérience montre qu'il est déjà difficile de traiter une matrice de confrontation 3 × 3, et pratiquement impossible de traiter une 4 × 4). Cette matrice évalue les résultats à court terme et, si possible, les conséquences à long terme, de la mise en concurrence deux à deux de trois des meilleures idées de stratégies alternatives imaginées selon trois scénarios concurrentiels possibles – les stratégies imaginées par trois concurrents typiques ayant chacun une façon de faire, un style caractéristiques :

- le premier, un comportement de leader ;
- le deuxième, un comportement de challenger ;
- le troisième, un comportement de perturbateur (c'est-à-dire ne respectant aucune règle du jeu).

Si donc vous faites ceci et si eux font cela, qu'en résulte-t-il et quelles en sont les conséquences ?

La matrice de confrontation des alternatives stratégiques ou opérationnelles et des scénarios concurrentiels se présente ainsi :

1. Voir : Une méthode pour aller dans le bon sens, dans : *L'Intelligence économique, un nouvel outil de gestion*, Marc Audigier, Gérard Coulon et Patrick Rassat, Maxima, 2003. L'auteur de la méthode, Gérard Coulon, est général de division (C.R.) et a enseigné à l'École Supérieure de Guerre.

Une matrice de confrontation des trois meilleures alternatives stratégiques face à trois grands types de stratégies adverses

	Scénario du concurrent A	Scénario du concurrent B	Scénario du concurrent C
Alternative stratégique n° 1	Résultats et conséquences	Résultats et conséquences	Résultats et conséquences
Alternative stratégique n° 2	Résultats et conséquences	Résultats et conséquences	Résultats et conséquences
Alternative stratégique n° 3	Résultats et conséquences	Résultats et conséquences	Résultats et conséquences

On porte dans les cases de gauche les alternatives stratégiques auxquelles on a pensé, et dans les cases du haut les stratégies potentielles les plus probables de trois des concurrents les plus typiques en terme de comportement. Dans les neuf cases du centre, pour chacune des neuf confrontations, en quelques mots, le résultat probable de la confrontation et ses conséquences.

Ne cherchez pas à quantifier cette analyse, mais à bien faire comprendre aux membres de votre équipe les conséquences, les menaces et les opportunités, les gains et les pertes, les dangers résultant de l'interaction des stratégies. Par exemple, supposons que certains d'entre eux soient pour décider de baisser les prix et que vos trois concurrents fassent de même : quels sont les menaces, les opportunités, les gains, les pertes possibles, les risques ?

Supposons que d'autres soient pour abandonner un segment de volume pour concentrer l'entreprise sur un segment de spécialité à forte marge, et que vos concurrents aient la même idée ? Mêmes questions.

Schématisons les résultats de cette confrontation des idées de solution et des scénarios concurrentiels les plus vraisemblables :

La visualisation des résultats (le choc des idées)

Les stratégies potentielles
de TROIS concurrents typiques A, B et C
auxquelles vos stratégies
vont être confrontées

VosTROIS
idées de solution
ou d'alternative
stratégique

	A	B	C
Idée 1	+	-	--
Idée 2	+	++	+++
Idée 3	+	?	+

Une schématisation des résultats de la confrontation de vos trois meilleures idées (1, 2, 3) avec les trois stratégies potentielles de trois concurrents typiques (A, B, C). Des moins pour les résultats négatifs et des plus pour les résultats positifs.

On peut représenter schématiquement les résultats potentiels des confrontations en utilisant une symbolique simple : des plus pour les bons résultats et des moins pour les mauvais résultats (prévisibles) et leurs conséquences.

Par exemple :

Vos trois alternatives stratégiques :

1. baisser les prix ;
2. augmenter la qualité du service ;
3. attaquer une niche.

Les trois stratégies potentielles de trois de vos concurrents typiques :

A. ne rien changer ;
B. attaquer une niche (la même que la vôtre ?) ;
C. casser les prix.

Si l'on admet les résultats tels que l'équipe les a visualisés, votre stratégie la plus gagnante est la stratégie n° 2.

Étape 7. Entretenir la tension créative et la motivation

Avoir des idées en équipe n'est pas le plus difficile – il suffit d'une *méthode*.

Le plus difficile, c'est de choisir la meilleure idée *aux yeux de tous* (étape 6), afin que tout le monde se sente « propriétaire », porteur, non seulement de la solution adoptée, mais aussi du challenge et des valeurs partagés avec les autres.

Mais il y a encore plus difficile : la mise en œuvre de la solution adoptée. Un aphorisme militaire veut qu'« à la guerre, aucun plan de campagne ne survit aux premiers contacts avec l'ennemi ». De même, dans l'entreprise, très peu de bonnes idées survivent au premier contact avec les clients et aux réactions de la concurrence. C'est ainsi, la plupart des innovations échouent et très peu réussissent. Pour qu'une idée devienne un succès, il est une condition indispensable : que la créativité *se poursuive* dans la mise en œuvre, dans l'action. C'est l'objet de cette septième et dernière étape : la mise en place d'une *délégation créative* qui va assurer une tension créative pendant tout le cours de l'action.

Nous avons dit plus haut avec un brin de provocation, et en citant à peu près Saint-Exupery, que dans la vie de toute organisation, il n'y a pas de solutions, il n'y a que des forces en marche, des équipes motivées. Il faut les former et les solutions suivent. Une idée, nous l'avons vu, ce n'est pas encore une solution, comme on le croit trop souvent en sortant d'un remue-méninges. Les vraies solutions, concrètes, ne suivront qu'à la condition que le leader de l'équipe s'assure de plusieurs choses :

1. l'entretien continu d'une dynamique de la motivation ;
2. la circulation permanente de l'information ;
3. l'« agilité » de l'équipe, qui doit pouvoir modifier son comportement en fonction des informations ;
4. une culture de la résilience et de la pugnacité ;
5. l'acceptation d'une remise en cause continue (éventuellement d'un changement radical).

L'analyse de l'entretien continu d'une dynamique de la motivation, qualité essentielle du manager-leader, nous entraînerait trop loin. Ce livre traite de l'intelligence créative et non du leadership. Ce qu'il est important de saisir, c'est qu'une idée, c'est une toute petite flamme qu'il faut protéger et entretenir pour éviter que le premier courant d'air ne vienne l'éteindre.

Une réflexion sur la circulation permanente d'une information continue entre tous les membres de l'équipe nous entraînerait elle aussi très loin. Les équipes virtuelles, éclatées, asynchrones d'aujourd'hui doivent maîtriser la panoplie des outils d'information et de communication, autrement dit non plus *travailler* ensemble comme certains le disent encore, mais *penser* ensemble, vite, alors qu'elles sont parfois dispersées aux quatre coins du monde.

L'agilité et la coopérativité créatives, une question de délégation

Si la mise en œuvre est la pierre de touche de l'efficacité d'une stratégie, les deux facteurs-clés de réussite ou d'échec de cette mise en œuvre en univers *instable* sont l'agilité et la coopérativité intelligente des acteurs.

L'agilité est la capacité de changer de stratégie en cours d'action pour *s'adapter* à une évolution de la demande, à une modification de la stratégie d'un concurrent – ou pour « *inadapter* » ce concurrent. Le concept est emprunté au modèle OODA (Observe-Oriente-Decide-Act) de John Boyd, pilote de chasse en Corée, qui a démontré que ce n'étaient pas les avions les plus rapides, ni les mieux armés qui l'emportaient dans un combat aérien, mais ceux qui étaient les plus manœuvriers et dont le pilote anticipait le mieux les intentions du pilote ennemi [1].

Qui est le propriétaire, le porteur, du problème ?

Pour que l'équipe soit et reste agile, l'essentiel est que chacun de ses membres se sente *personnellement propriétaire* du problème, et le soit vraiment.

Or, face à un problème d'entreprise à résoudre en équipe, vous avez, en tant que responsable de celle-ci, six possibilités correspondant à six styles de management, ou six conceptions de la délégation allant, sur une échelle à 6 degrés, du refus de toute délégation à une délégation créative :

- vous imposez votre solution, *sans discussion possible* (ce que nous appellerons le degré 0 de la délégation) ;
- vous imposez votre solution avec possibilité de *discussion des modalités* de mise en œuvre, mais seulement *après* que vous ayez décidé du choix de la solution (le degré 1 de la délégation classique) ;

---

1. Voir : Robert Conram, *Boyd. The Fighter Pilot Who Changed the Art of War* ; Little Brown, 2002.

Et un article qui montre comment ces concepts sont transposables dans l'entreprise : « The Strategy of Fighter Pilot » dans *Fast Company* de juin 2002 *http://www.fastcompany.com/online/59/pilot.html.*

- vous confiez à l'équipe la responsabilité de la *mise en œuvre* de sa solution (degré 2 de la délégation classique) ;
- vous confiez à l'équipe la responsabilité de l'*idée* de la solution (degré 3 de la délégation classique – mais il y a là un saut qualitatif dans la délégation : c'est le degré 1 de la délégation *créative*) ;
- vous confiez à l'équipe la responsabilité du *problème* à résoudre (degré 4 de la délégation classique – et degré 2 de la délégation *créative*) ;
- vous confiez à l'équipe la responsabilité de la *vision*, à charge pour elle d'identifier les problèmes, de trouver les idées de solution, de choisir une solution respectant au mieux les valeurs partagées et de la mettre en œuvre (c'est le degré 5, idéal, de la délégation classique, et le degré 3 de la délégation *créative*).

Soit cinq modes différents de management consistant à déléguer :

- soit la tâche,
- soit la solution,
- soit l'idée de solution,
- soit uniquement les valeurs et les contraintes,
- soit uniquement le but commun en s'assurant qu'il est bien partagé par tous, qui font passer le management de l'équipe de la coordination banale (détermination un peu mécanique de qui fait quoi, où, quand, comment) à une forme supérieure de coopération, intelligente, non plus seulement relationnelle, mais coopérativité cognitive où les membres de l'équipe s'entraident *créativement* dans l'action à penser de façon intelligemment créative…

Les conditions de cette coopération intelligente, qui font que c'est toute l'équipe qui est propriétaire en temps réel du problème et apte à réagir très rapidement, sont connues depuis longtemps. Elles avaient été analysées méthodiquement et mises en œuvre, bien avant leur découverte et leur formalisation par les psychologues d'entreprise américains des années cinquante, par un général de Raiders pendant la guerre du Pacifique, Evans Carlson, sous le slogan célèbre de *Gung-Ho !* :

- la même information au départ pour tous les membres de l'équipe ;
- la même information *en cours d'action* pour tous (ce que le mobile et Internet permettent facilement aujourd'hui [1]) ;

1. Et ce que permettaient alors pour la première fois, les tout premiers exemplaires de handie-talkies (les SCR-536) livrés par Motorola.

- une stricte égalité de statut ;
- un grand altruisme et, avouons-le, un certain sens du sacrifice au service d'une cause [1].

Trop exigeantes, ces conditions avaient été en leur temps refusées par l'élite de l'Armée américaine. Elles en deviennent aujourd'hui le credo.

Et ce sont les mêmes conditions qui permettent à un équipage d'avion de ligne de prendre les bonnes décisions en situation d'urgence ou de catastrophe.

Mais ces conditions sont pratiquement les mêmes que celles exposées plus haut au chapitre 6. L'intelligence créative est exigeante. Elle exige une *discipline* avant, pendant et après la phase d'imagination.

De nouvelles formes d'organisation

Comment visualiser, représenter, cette coopération ? Les organigrammes classiques s'y prêtent assez mal. Gareth Morgan, un sociologue canadien des organisations, s'est attaqué au problème et sous le nom d'« imaginization [2] », a exploré les différents modèles – au sens de structures visuelles – d'organisation possibles d'une entreprise (*organisation*) cherchant à être créative.

Essayons de faire preuve nous-mêmes d'intelligence créative et proposons les nôtres.

Ils peuvent se schématiser ainsi :

1. Le slogan (qui est passé dans le langage courant aux États-Unis), la philosophie et les principes en ont été repris par Kenneth Blanchard, l'inventeur du Manager Minute, dans un de ses livres : *Gung Ho ! Turn On the People in Any Organization*, William Morrow, 1997, et dans ses séminaires de formation professionnelle.

2. Voir : *Imaginization. The Art of Creative Management*, Sage, 1993 : *Imagin-i-zation. New Mindsets for Seeing, Organizing and Managing*, Berrett-Koehler, 1997 ; et *Images de l'organisation*, De Boeck, 1999.

On trouvera ces différents modèles sur son site *www.imaginiz.com* à la page *www.imaginiz.com/provocative/metaphors/models.html.*

Collaboration, co-opération et auto-organisation intelligente d'une équipe

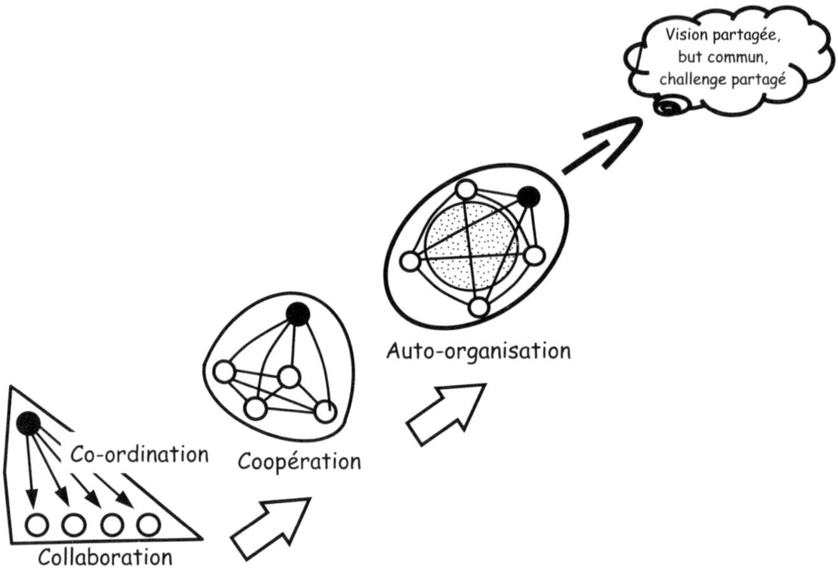

*Les trois grandes formes d'organisation d'une équipe :
à gauche, une pyramide hiérarchique travaillant sur le mode de la collaboration
dans le cadre d'une co-ordination par le manager ; au milieu, une pyramide ronde
travaillant sur le mode de la coopération ; et à droite une structure en « table ronde »
travaillant sur le mode de l'auto-organisation.*

Une structure en « pyramide ronde »

Entre la pyramide hiérarchique rigide traditionnelle et la fluidité absolue, quasi amibienne, d'une équipe idéale en état de grâce, on doit concevoir la possiblité d'une structure à géométrie variable, intermédiaire entre la pyramide classique des organigrammes et la structure en Table ronde des chevaliers du roi Arthur. Nous l'appellerons structure en pyramide ronde.

Suivant les situations, elle permet d'adopter des styles de décision différents, allant de la rigidité totale à la souplesse totale. Structure hybride, orientée vers le but commun, elle permet, suivant les circonstances, soit de revenir à un mode de management coordinateur, soit d'adopter un mode de management auto-organisationnel.

Un nouveau paradigme organisationnel

Le concept d'organigramme en pyramide ronde n'est pas très facile à représenter visuellement. Voici, après un échange de point de vue avec Gareth Morgan [1] qui nous a donné le courage le faire, notre tentative. Prenons une équipe de six membres A, B, C, D, E, F, dont le chef institutionnel est A. Il y a trois cas de figure :

- un cloisonnement total ;
- une égalité totale de statut ;
- une égalité dynamique basée sur un leadership circonstanciel (ou contextuel) de compétence (créative).

1. Un cloisonnement total. Dans une conception hiérarchique archétypale, A est (très) au-dessus de tous les membres de son équipe, il n'est pas nécessaire ni même souhaitable qu'ils communiquent entre eux et échangent des idées

Une équipe en silo, cloisonnée

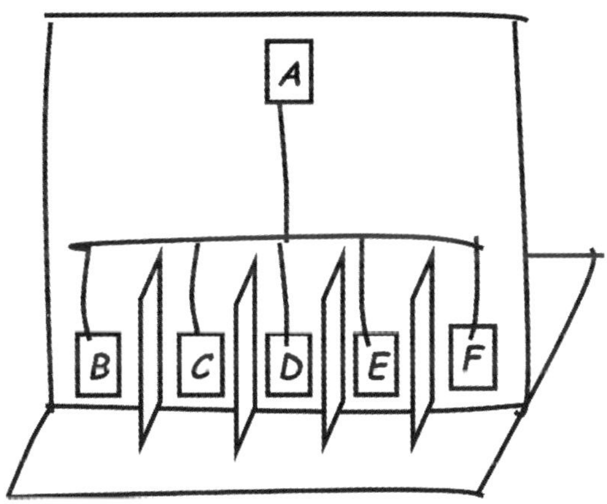

Tout est fait pour que les membres de l'équipe ne communiquent pas entre-eux ou communiquent mal. C'est la doctrine du « diviser pour régner ».

C'est le cloisonnement intégral. La différence de statut est maximale.

1. Celui de l'imaginization. Qu'il en soit remercié ici.

2. Une égalité totale de statut. À l'opposé, le schéma de la Table ronde [1] veut une stricte égalité de statut et un réseau de communication total.

Le modèle de la Table ronde

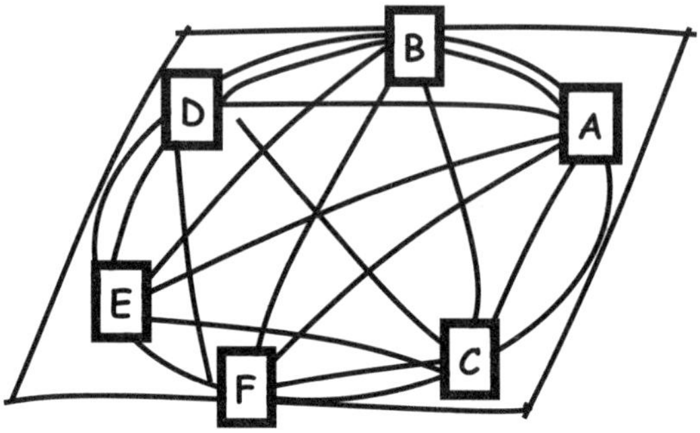

Un modèle basé sur une stricte égalité de statut, et une information partagée par tous devant tous.

Mais ce modèle nous donne une hiérarchie plate, assez peu dynamique.

3. Une égalité dynamique basée sur un leadership circonstanciel (ou contextuel) de compétence (créative). Prenons la Table ronde et inclinons-la vers le sommet à conquérir, l'angle d'inclinaison correspondant à l'ambition de l'équipe.

Le responsable de l'équipe a, dans l'action, le même statut hiérarchique que chacun de ses co-équipiers. Mais c'est lui qui tire les autres vers le haut, et il peut passer la main à un des membres de l'équipe plus qualifié que lui pour affronter une tâche spécifique.

1. Celle du roi Arthur et de ses douze chevaliers. La métaphore n'est pas absurde : voir David Perkins, *King Arthur's Round Table : How Collaborative Conversations Create Smart Organizations*, Wiley, 1997 (on en trouvera un bon extrait, téléchargeable, sur le site de Wiley Canada). On retrouve la même idée dans le management connectif *(Connective Leadership)* de Jean Lipman-Blumen.

Une Table ronde qui s'élève vers le but commun

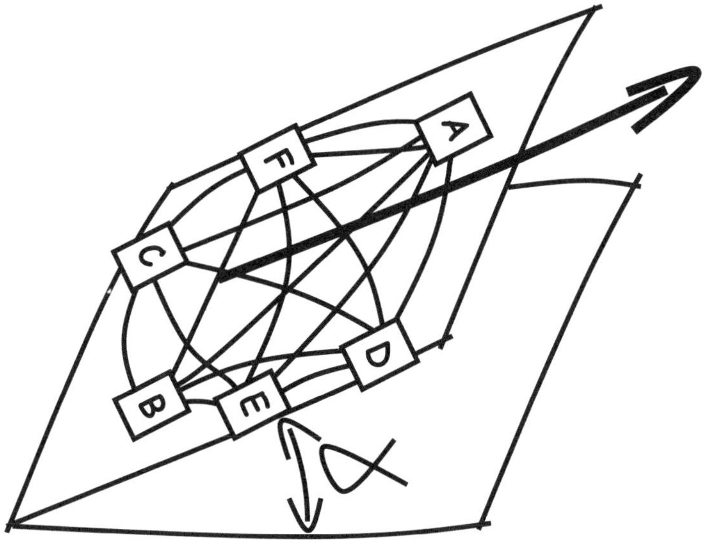

Le statut (informel) de leader dépend de sa contribution potentielle.
C'est celui qui prend la tête avec des idées de solution.
L'inclinaison de la table dépend du Quotient d'adversité (que nous vu à l'étape 4) moyen de l'équipe.

L'indignation créatrice, étincelle de départ de l'inventivité

La clé de l'invention est l'*indignation*. Tous les inventeurs que nous avons rencontrés ont agi poussés par une saine colère. Ils étaient révoltés d'un état de choses qui ne pouvait plus durer.

Grandes ou petites colères, ce sont toujours des révoltes. Pas des révoltes contre les hommes, des révoltes contre les choses.

C'est le canadien Joseph-Armand Bombardier, qui, voyant un de ses jeunes enfants mourir dans ses bras d'une crise d'appendicite aiguë alors que la neige l'empêche de l'emmener à l'hôpital, a l'idée de la solution : la motoneige.

C'est Charles Kettering de la General Motors qui voyant un homme se casser le bras en essayant de faire démarrer son auto à la manivelle, a l'idée du démarreur électrique pour la Cadillac.

C'est Walt Disney, qui, ne supportant plus, près de son bureau, le spectacle désolant d'un parc pour enfants triste et sale, a l'idée fulgurante du parc à thèmes, qu'il mettra *vingt* ans à réaliser.

C'est Jean Beyl qui, cloué sur un lit d'hopital, invente la fixation Look pour que les autres ne se cassent pas les deux jambes comme lui.

C'est Roland Moreno, choqué, pour reprendre ses propres mots, qu'on puisse falsifier l'argent, les billets, les chèques, qui invente la carte à puce.

C'est, plus modestement, la lauréate du concours Lépine 2002 et son chariot à moteur électrique, Martine Losego : « J'en avais marre de pousser », etc.

Des gens profondément provoqués par ce qu'ils voient autour d'eux, et qui se mettent à rêver, à imaginer, à inventer, et, s'il le faut, à en mobiliser d'autres pour que ça change.

Pour eux, le temps ne compte plus. Les grands innovateurs sont aussi des obstinés, des pugnaces, caractère que nous avons trouvé comme fil rouge du début à la fin du processus de l'innovation.

Pugnacité et résilience créatives

La pugnacité (ou la combativité) et la résilience (ou la faculté de rebondir sur l'adversité et d'en sortir plus fort [1]) sont les clés de l'intelligence créative pratique.

La chose la plus frappante quand on analyse les grandes innovations, c'est en effet l'incroyable obstination des inventeurs, des découvreurs et des innovateurs. De Marie Curie, qui remue des tonnes de minerai d'uranium pendant deux ans pour découvrir le radium et le polonium, à James Dyson, qui se battra seul (avec son équipe…) contre tous pendant dix ans pour faire prévaloir son idée d'aspirateur sans sac et conquérir *60 %* du marché anglais face à Electrolux et autres multinationales, la vie est un long fleuve pas tranquille du tout.

Suivant votre culture et vos références, vous appellerez cette qualité : courage, tenacité, persévérance, force d'âme, *fortitude*, résilience – la capacité à sortir grandi d'une épreuve.

---

1. Voir : *Harvard Business Review on Building Personal and Organizational Resilience*, Harvard Business School Press, 2003 et plus spécialement : Diane Coutu, « How Resilience Works », *Harvard Business Review*, mai 2002.

Voir aussi : Alain Richemond, *La résilience économique*, Éditions d'Organisation, 2003.

Il existe un test d'évaluation de la résilience : le RFI (Resilience Factor Inventory) commercialisé par Hay Resources Direct.

La résilience n'est ni un concept et ni un mot nouveau. C'est, en mécanique, la capacité d'un matériau ou d'une structure à supporter des chocs, synonyme si l'on veut d'élasticité. On parle de la résilience d'un sous-marin à un grenadage. Ce qui est nouveau, c'est son emploi en management.

Aucun rapport avec la résilience des enfants maltraités mise en lumière par Boris Cyrulnik.

Conclusion : l'intelligence créative ne s'arrête pas à la fin du *challenge-storming*, pas plus que la créativité ne s'arrêtait pas à la fin du brainstorming (c'est peut-être même là qu'elle commence, après que tout le monde se soit exprimé).

Les attitudes possibles face aux obstacles et aux difficultés

L'attitude face à une situation difficile et la résistance au stress dépendent de deux grands facteurs :

1. L'implication des membres de l'équipe dans le problème et sa résolution. Qui est responsable de l'échec ou des difficultés de mise en œuvre ? Il y a quatre attitudes psychologiques possibles :

1. ce sont « les autres » (« on ») ;
2. c'est « nous », l'équipe, le groupe ;
3. c'est « moi » (le membre de l'équipe confronté plus spécialement à l'échec, à la difficulté, au blocage, à la situation stressante) ;
4. ce n'est personne en particulier.

2. L'attitude psychologique vis-à-vis de la situation. Quand les choses ne se passent pas comme on l'avait prévu, planifié, ou souhaité, il y a trois possibilités quant à la poursuite du but :

1. une prédominance psychologique de l'obstacle ou du problème (on reste bloqué devant le problème, qui se met à occuper tout le champ de conscience, on ne pense plus qu'à ça – c'est le stress) ;
2. la recherche d'un responsable, d'une responsabilité ou d'une cause (on cherche un coupable) ;
3. la persistance psychologique de l'objectif ou du but (on ne pense qu'à une seule chose : comment faire malgré l'obstacle et les difficultés).

La matrice de la résilience créative

Nous pouvons maintenant construire une matrice analysant les différents types d'attitudes possibles face à un obstacle, une difficulté, voire un échec, dans la mise en œuvre de la solution.

La matrice du management de la résilience

	Attitude psychologique vis-à-vis de la situation		
Le membre de l'équipe impliqué ou les responsables	**Prédominance psychologique de l'obstacle ou du problème**	**Recherche d'un responsable, de responsabilité, ou d'une cause**	**Persistance psychologique de l'objectif ou du but**
Les autres	« C'est très embêtant »	« C'est de la faute d'untel » « Ce n'est pas de ma faute ».	« On va m'aider », « Vous allez m'aider ».
L'équipe, « nous »	« Nous sommes (tous) bloqués », il n'y a pas de solution	C'est de notre faute à nous tous (responsabilité partagée)	**« Nous allons trouver tous ensemble une solution »**
Le membre de l'équipe lui-même	« C'est parfait, en fait, ça m'arrange »	« C'est de ma faute » « C'est de ma faute, mais j'ai des excuses ».	« Je vais trouver la solution tout seul », ou bien : « Il faut que je trouve une solution ».
Personne en particulier	« Ce n'est pas grave ».	« C'est normal » « C'est la malchance » ou bien : « La faute à pas de chance ».	« Cela va s'arranger ».

On trouve sur ce tableau la plupart des attitudes possibles face à une difficulté dans l'action : de la négation du problème à son rejet sur les autres. La seule attitude positive, celle à encourager, est celle qui focalise chaque membre de l'équipe sur l'objectif ou le but : « Nous allons trouver tous ensemble une solution ».

La bonne attitude réflexe (à acquérir par un entraînement incessant) est évidemment celle qui est au croisement d'une implication généralisée et de la volonté de continuer à trouver une solution créative au problème.

D'où la nécessité de la mise en place continue, en cours d'action, de mini-challenge-stormings informels en suivant les mêmes étapes incontournables que les autres, avec une petite exception : des situations particulières peuvent autorisent le leader, avec l'accord de tous, à repasser en style autocratique, ce que permet justement la pyramide ronde.

Question de doigté. Mais nous l'avions dit plus haut. Si les étapes intermédiaires de la méthodologie que nous proposons peuvent être plus ou moins modélisées, à tel point qu'on parle de « techniques créatives », la première, identifier/situer le problème, et la dernière, entretenir une tension créative, sont un art – art, dans le second cas, qui consiste à s'attaquer au nouveau problème, au nouvel obstacle s'opposant à la mise en œuvre de la solution adoptée, à chercher les solutions existantes, à reconsidérer la pertinence des critères de choix, à fixer un nouveau challenge, à lui trouver au moins trois solutions alternatives, à mettre les gens d'accord sur la meilleure, et à continuer d'aller de l'avant.

Tous ensemble.

Conclusion

Le défi du temps et le challenge de l'intelligence créative

Pour le manager, le besoin d'idées constitue une expérience frustrante. Devant les difficultés présentes et à venir, vient un moment où l'on s'en veut, et on en veut aux autres – même si, curieusement, on affecte de ne pas leur en demander –, de manquer d'idées.

Un nouveau stress rampant vient s'ajouter au stress du moment.

Le temps manque évidemment, de même que d'idées : les deux phénomènes sont concomitants, la dictature du court terme tuant les idées.

On pare donc à l'urgent (qui n'est pas nécessairement l'important), on verra plus tard pour le reste. On trouvera tout seul. Mais quand ?

On ne sait pas. L'imagination, la « folle du logis », ne se commande pas.

L'incubation d'une ou plusieurs idée(s) de solution peut prendre du temps.

L'« Eurêka ! » d'Archimède lui vient un beau jour dans son bain.

L'« Aqaba ! Aqaba ! » de Lawrence d'Arabie, solution stratégique gagnante, lui vient au sortir d'une méchante crise de paludisme.

Igor Sykorsky, cherchant à concrétiser le rêve de Léonard de Vinci, l'hélicoptère, ne trouve pas la solution. Il passe à autre chose et fait des hydravions. Il invente finalement la petite roue (le rotor de queue) trente ans plus tard.

Vous n'avez pas une année sabbatique devant vous. Mais vous n'êtes pas seul(e).

Du cercle vicieux (manque d'idées et de temps pour en avoir), il n'est jamais trop tôt pour décider de sortir. La méthode de management de l'intelligence créative collective vous ouvre la voie par des moyens internes, sans faire appel à de coûteux experts.

Elle exige certes de la rigueur, elle est volontariste, car on n'a rien sans rien, mais elle est surtout pratique, et finalement, si vous y réfléchissez bien, très simple.

Formez une équipe, une *vraie*. Proposez-lui un challenge, à attaquer ensemble, méthodiquement, étape par étape.

Vous verrez alors trois choses :

1. l'équipe construire sa propre cohésion ;
2. le bon stress, celui de l'excitation dans la coopération vers un but partagé, chasser le mauvais, celui de la pression des chiffres, de l'urgence perpétuelle, de la peur du lendemain dans un monde qui change trop vite ;
3. l'esprit d'équipe générer l'esprit d'innovation, qui à son tour change le monde.

Même si ce n'est pas toujours facile, il est autrement plus motivant pour tous d'avoir à choisir entre plusieurs solutions intelligentes et nouvelles trouvées ensemble et qui seront mises en œuvre ensemble que de ne pas en avoir du tout – ou d'être contraint et forcé de devoir mettre en œuvre une solution à laquelle on ne croit pas.

Suivre cette voie de l'intelligence créative, qui s'ouvre « au-delà du brainstorming », c'est plus que gagner du temps, c'est gagner sur le temps.

ANNEXES

Lexique

Affinité : voir : **diagramme** des affinités.

Agilité : capacité à changer de solution en cours d'action, en fonction de l'évolution de la situation et des stratégies des concurrents.

Amélioration continue : suite de changements mineurs (spécialité des gens d'organisation).

Anticiper : deux sens… et demi :

1. imaginer ;
2. devancer ;
3. le processus combinant les deux.

Un bon exemple d'anticipation : celui de Paul Galvin, PDG de Motorola, fabricant d'autoradios, qui, anticipant la Deuxième Guerre Mondiale en 1938 lors d'un voyage en Europe, et la participation des États-Unis à ce conflit, pense que les soldats américains auront besoin d'un moyen de communiquer, invente et se prépare à produire ce qui deviendra le SCR-536, le Handie-Talkie (1940), puis le SCR-300, le Walkie-Talkie (1943).

Attribut (liste d'-) : technique créative consistant à prendre les principaux attributs (les caractéristiques) d'un objet donné, à en décliner pour chacun les variantes possibles et à analyser les combinaisons possibles de ces variantes (par exemple, pour un véhicule, les attributs peuvent être le nombre de roues, le mode de propulsion, le nombre de places, etc.). Voir matrice d'analyse morphologique.

Auto-coordination : le fait pour les membres d'une équipe de pouvoir s'organiser (auto-organisation) et de se coordonner spontanément – de synchroniser efficacement leurs actions – en fonction de la situation et en l'absence d'instructions hiérarchiques.

Bathstorming : néologisme humoristique au moins aussi drôle que « remue-méninges » créé sur le modèle de « brainstorming ». Monter à l'assaut d'un problème en rêvassant dans un bon bain chaud pour trouver des idées. D'après une enquête, 16 % des cadres disent y trouver leurs idées.

Utilisé par Archimède, Napoléon, Churchill, etc.

Selon la légende, Antoine Riboud (Danone), n'engageait jamais un cadre qui, croyant optimiser son profil, déclarait virilement ne prendre que des douches. Il donnait sa préférence à ceux qui avouaient préférer le bain. « Voilà enfin des gens qui prennent le temps de réfléchir », disait-il.

Bedstorming : néologisme humoristique créé sur le modèle de « brainstorming ». Monter à l'assaut d'un problème en se mettant au lit pour trouver, en tout bien tout honneur précisons-le, des idées – « incubation », du latin *cubare*, coucher, que l'on retrouve par exemple dans « concubin », vient d'ailleurs de là –, en rêvant, ou dans cet état particulier de la conscience entre veille et sommeil ou, de préférence pour mieux s'en souvenir au réveil, l'inverse.

Suppose que l'on fasse l'effort de noter ses idées très rapidement avant de les oublier (discipline exigeante).

Technique très utilisée depuis Xénophon, général grec, qui eut l'idée de sa célèbre manœuvre de la retraite des Dix Mille de Bagdad à la Mer Noire pendant son sommeil.

Bissociation : terme crée par Arthur Koestler dans son livre *Le Cri d'Archimède.*
Un des trois ou quatre processus-clés de l'inventivité et de l'innovation.
Combinaison ou rapprochement de deux idées (deux solutions), ou de deux technologies, pour en produire une troisième.

- Le Walkman : combinaison d'un lecteur de cassette miniaturisé ***et*** d'écouteurs ;
- Le code-barres : combinaison du code Morse ***et*** de la lecture optique de la piste son du cinéma ;
- L'avion espion U-2 : combinaison d'un planeur volant à très haute altitude (dessiné par Kelly Johnson et son équipe de Skunk Works chez Lockheed) ***et*** d'une caméra à très haute définition (mise au point par Edwin Land, l'inventeur du Polaroïd).

L'innovation est souvent le résultat d'une *tri*ssociation (trois technologies) ou même d'une multissociation.
Peter Senge en donne un excellent exemple (dans *La Cinquième discipline*) avec le DC-3 (le fameux Dakota en version militaire) de Douglas, lancé en 1935 et dont quelques exemplaires sont toujours exploités commercialement. Même chose avec une innovation révolutionnaire qui a changé la vie des Canadiens, des Inuits et de tous ceux qui vivent dans le Grand Nord : la moto-neige, combinaison réalisée par Joseph-Armand Bombardier d'une moto, d'une chenillette et d'un ski (trissocation).

Brainstorming : terme générique désignant toute courte réunion informelle de recherche d'idées.
Plus précisément, au sens usuel du terme, c'est une réunion exceptionnelle et de courte durée – de l'ordre d'une heure – de plusieurs personnes qui sont censées réagir à un thème de façon informelle, voire ludique, pour s'exprimer sur celui-ci et apporter des idées à l'organisateur.
Il existe en réalité deux sortes de brainstorming :
1. Le vrai, celui d'Osborn, que nous appellerons, pour respecter l'esprit dans lequel il a inventé cette méthode de recherches d'idées *publicitaires*, le brainstorming « commando » – puisqu'il recommandait de s'attaquer au (de monter à l'assaut du) problème (*to storm*) avec son cerveau (*brain*) et à plusieurs dans un style commando (*in a commando fashion*). Le problème doit être simple et bien défini. Très important : les participants ne sont pas impliqués et ne le seront pas. Application : publicité ou marketing (recherche de nom, de slogan, d'image, d'idées de nouveaux produits ou de nouvelles applications pour un vieux produit).
Ne cherche qu'à faire œuvre d'imagination collective *verbale* et ne cherche pas à, ni ne peut, aboutir à une découverte ou une invention.
Son efficacité est subordonnée à des règles strictes, donc à un grand formalisme.
Trop contraignant, pas assez ludique, il est tombé en désuétude en France.
2. Le faux, pratiqué pour trouver des noms de marque, permettre l'expression de ses collaborateurs et éventuellement collecter des « idées », en fait des suggestions. Sous l'influence d'une traduction fautive (*remue-méninges*), due à un faux-sens sur le verbe « *to storm* », est devenu au fil des temps un défouloir de salon, une invitation à dire n'importe quoi.

Brain sailing : mot proposé par Edward de Bono pour remplacer brainstorming et adopté parfois (notamment en Italie) pour désigner une réunion de recherche d'idées au cours de laquelle on navigue d'une idée à une autre.

Brainwriting : réunion de recherche d'idées inventées en Allemagne dans les années soixante-dix et qui consiste à demander aux participants d'écrire leurs idées sur des feuilles de papier formatées.

But : 1. Ce que l'on cherche à atteindre, ce que l'on vise, ce que l'on veut réaliser.
2. Fin que l'on *se* propose (à soi-même).

Challenge : anglicisme qui correspond au mot français « gageure », tombé en désuétude.
1. Dépassement que l'on s'impose à soi-même et/ou auquel on fait adhérer – à l'inverse d'un défi, qui est imposé.
2. Résultat que l'on s'assigne, alors qu'il dépasse la demande formulée et les possibilités actuelles. Il implique que l'on trouve une solution – en se mettant l'épée dans les reins.
3. Un écart positif projeté dans le futur, un problème gagnant si l'on trouve une solution.

Challenge concurrentiel : challenge que l'on s'assigne par rapport à un ou des concurrents

Challenge-storming : attaque collective d'un challenge.
Néologisme construit à partir de brainstorming : assaut collectif (par plusieurs cerveaux) dans un style commando (*storming*) d'un problème (Alex Osborn, *Your Creative Power*, 1948, p. 265 et *Applied Imagination*, 1953, p. 151).
1. Technique de management d'une équipe déjà constituée (ou en voie de constitution) axée autour de l'attaque collective (storming) d'un challenge partagé (problème transformé en challenge) et suivi de sa mise en œuvre pour trouver vite des solutions innovantes (efficaces et inattendues) à une situation, à une ambition, à une exigence ou face à l'adversité dans laquelle l'équipe a choisi de se dépasser.
2. Méthode continue de management de l'intelligence créative d'une équipe face aux challenges concurrentiels qu'elle relève.
3. Dans sa forme ponctuelle, atelier d'une durée d'une demi-journée à une semaine au cours duquel une équipe impliquée dans les enjeux et *a priori* dans la mise en œuvre des idées de solutions émises, s'attaque à un challenge partagé.

Il implique le respect strict des cinq derniers points de la méthodologie générale proposée dans ce livre :

- acceptation du challenge ;
- formalisation des critères d'évaluation ;
- imagination d'au moins trois solutions alternatives viables (à l'unanimité) ;
- évaluation collective pour déterminer celle qui emporte une adhésion généralisée ;
- délégation créative.

Chaordique : de « chaos » et « ordre ». Type d'organisation en réseau parvenant à s'adapter au chaos en respectant un certain ordre.

Collaboration : le fait pour quelqu'un de travailler *pour* quelqu'un d'autre – avec, contrairement à l'étymologie, une idée de subordination (un patron n'acceptera jamais d'être donné comme le collaborateur d'un de ses employés), à l'inverse de la coopération qui sous-entend une égalité de statut et implique un esprit de coopération, la coopérativité.

Concassage : voir : *SCAMPER*.

Consultants virtuels : technique de résolution de problème consistant à se mettre à la place d'un homme d'imagination célèbre, inventeur, stratège ou designer (Archimède, Léonard de Vinci, Thomas Edison, Lawrence d'Arabie, Kelly Johnson, le patron des Skunks, Tom Kelley, le patron d'Ideo, etc.) et de se demander ce qu'il aurait fait face à un problème ou à une recherche d'innovation et quelle méthode il aurait adoptée.

Convergence : choix entre les solutions alternatives.
Étape 6 de la méthode. Suit l'étape 5 de divergence.

Coopération : le fait pour les membres une équipe de travailler conjointement tous ensemble de leur propre chef et avec une finalité commune ; et ceci dans la cadre d'une égalité de statut hiérarchique.

Coopérativité : désir de travailler ensemble. Esprit de coopération.

Coordination : le fait de co-ordonner les actions de subordonnés (personnes que l'on a sous ses ordres où qui acceptent de s'y mettre), c'est-à-dire d'ordonner à chacun ce qu'il doit faire, sans passerelle tranversale ni possibilité d'initiative.

Créatif : être créatif, c'est être original pour l'*autre*.

Créativité : il existe trois sortes de créativité :

- une créativité scolaire (d'éveil), pour un public d'enfants ou d'adolescents ;
- une créativité personnelle (de développement *personnel* privé ou professionnel) ;
- une créativité « professionnelle » (de résolution collective de problème d'entreprise).

Nous définissons cette dernière comme la capacité à trouver vite et de facon répétée des solutions multiples, originales et efficaces à des problèmes concrets, et cela en dépit de leur difficulté nous préférons l'appeler l'intelligence créative.

Créativité intelligente : formule rejetée par beaucoup (perçue comme enfermant *a priori* et contradictoirement la « créativité » dans un carcan) – et par nous-mêmes (voir chapitre 3).

Critère d'évaluation et de choix : caractéristiques mesurables (ou, au minimum, hiérarchisables) d'un ensemble de solutions alternatives et permettant de les comparer et de les évaluer les unes par rapport aux autres.

Découverte : mise en évidence ce qui existait, mais restait caché ou inconnu.
Facteurs-clés de succès : l'intuition (dans le cas des découvertes scientifiques), le hasard et la ténacité (dans la recherche ou l'exploration).

Découvrir :

1. Être le premier à trouver *en cherchant* quelque chose que tout le monde cherche et qui vraisemblablement, aurait de toute façon été trouvé un jour ou l'autre (découvertes géographiques) (les sources du Nil, l'Everest).
2. Trouver *par hasard* quelque chose d'inattendu et en comprendre le premier l'importance (sites archéologiques), quelque chose qui aurait très probablement été découvert de toute façon (les ruines d'Herculanum).

3. Trouver toujours par hasard quelque chose d'inattendu et en comprendre l'importance (la pierre de Rosette, les manuscrits de la Mer Morte, etc.), quelque chose qui probablement, sans cela, n'aurait *jamais* été découvert.
4. Être le premier à comprendre et à formaliser :
   - une relation (une loi scientifique, comme celles de Kepler ou celle de la relativité) ;
   - une efficacité (les rayons X, la pénicilline, l'aspartam (les sucrettes, etc.).

La découverte et l'invention sont deux processus très différents, excepté en mathématiques. De là, pour certains, l'affirmation qu'il n'y a pas de différence

Défi : épreuve imposée (à l'inverse du challenge qui est recherché et que l'on s'impose à soi-même) et pour laquelle il faut trouver un moyen de s'en sortir (une solution ou un sacrifice).
Prévision d'un écart négatif dans le futur : on sera perdant faute de solutions pour rebondir.

Diagramme des affinités : diagramme (en organigramme) grâce auquel on rassemble et on organise par affinité les problèmes ressentis par les membres d'une équipe, le plus souvent en notant les idées sur de grands Post-it de format 13 x 18 et en les regroupant devant les participants et sous leur direction.
Appelé aussi méthode KJ du nom de son inventeur : Jiro Kawakita.
La méthode a été formalisée commercialement sous la marque Metaplan.

Difficulté : ce qui ne peut être fait comme on l'avait prévu, ou avec les seuls moyens dont on dispose.
Situation qui ne peut pas (ou plus) durer.

Divergence : la capacité à trouver *plus* d'une bonne solution.
Étape 5 de la méthode – trouver au moins trois bonnes solutions alternatives.

Efficace : ce qui fait ou réalise ce qui doit être fait ou réalisé.
Ce qui répond à un problème et le solutionne.

ENTP : acronyme pour Extraversion, iNtuition (un M pour iMagination serait préférable), Thinking, Perception.
On peut labelliser les ENTP « Innovateurs » ou « gens d'imagination ».
Un des deux types clés au plan de la créativité et de l'innovation, l'autre, son contraire, étant les ISTJ (les « Administrateurs ») ou « gens d'Organisation ».

Équipe :
1. Petit groupe de trois personnes au minimum à quinze au maximum, qui collaborent et allient efficacement leurs compétences et leurs efforts pour remporter le challenge qu'elles se sont fixé.
2. Un nombre restreint d'individus – de 5 à 15 – qui s'allient volontairement autour d'un leader crédible et unissent leurs forces et leurs compétences complémentaires pour (s'engager à) relever un challenge que le leader propose, et qui coopèrent tous à la réalisation de ce but commun.

Friction : défi à l'intelligence : tout ce qui, dans l'environnement, rend l'action difficile, alors qu'elle aurait été facile dans d'autres circonstances.

Notion mise en évidence par Clausewitz et redécouverte récemment par les néo-clausewitziens américains.

Google-storming : technique créative consistant à chercher des idées sur internet en utilisant la fonction « image » et la possibilité de combinaison de mots des grands moteurs de recherche tels que Google et Alta Vista.

Idée : imagination, représentation mentale d'une solution.
Distinguer ici soigneusement :

- une idée *de* ou *pour* quelque chose, par exemple une idée de nom de marque, qui relève du brainstorming ;
- une idée *pour faire* quelque chose (*idée* de solution d'un problème, de moyen d'une fin), qui nécessite une méthodologie.

Idée gagnante : idée qui donne le maximum de chances de gagner.

Imagination : très difficile à définir. Faculté de se représenter ou de concevoir quelque chose qui n'existe pas ou avec quoi on n'a pas eu de contact concret.

Impossible : trois sortes d'impossibilité :
- subjective (on ne *sait* pas faire) ;
- conative (on ne *veut* pas ou l'on n'*ose* pas faire, pour des raisons diverses) ;
- objective (ce n'est pas – physiquement, mécaniquement ou chimiquement – réalisable).

Dans le langage courant, le plus souvent, ce que l'on ne sait pas faire, et/ou que l'on *croit* infaisable.

Innovation : transformation d'une idée en succès commercial (sur un marché ou un segment de clientèle ou un segment géographique donné).
Ce qui change la vie, le monde des gens.
On doit distinguer :

- le processus interne de l'innovation, psycho-socologique et managérial ;
- le processus externe de diffusion de l'innovation, sociologique.

On peut de plus distinguer, au sein de l'entreprise, quatre types d'innovation suivant que celle-ci est, d'une part, sporadique ou continue, et, d'autre part, mineure ou majeure. Il faut donc faire la différence entre :

- l'innovation isolée et mineure ;
- l'innovation permanente et mineure, c'est l'amélioration continue des processus ;
- l'innovation isolée et majeure ;
- l'innovation majeure et continue, c'est le changement (pour ne pas dire la *révolution*) permanent.

Innovation participative : organisation de la stimulation, de la pertinence, de la collecte, de l'exploitation et de la reconnaissance des idées d'amélioration suggérées par le personnel (boîtes à idées, etc.).

Intelligence :
1. Capacité à trouver rapidement plusieurs solutions possibles (et efficaces) à des situations difficiles.
2. La très belle définition du TLF (*Trésor de la Langue Française*) : (Dans des circonstances nouvelles pour lesquelles l'instinct, l'apprentissage ou l'habitude ne dispose d'aucune solution.) Aptitude à appréhender et organiser les données de la situation, à mettre en relation les procédés à employer avec le but à atteindre, à choisir les moyens ou à découvrir les solutions originales qui permettent l'adaptation aux exigences de l'action

Intelligence créative : capacité à trouver des solutions *efficaces* et *inattendues* – c'est-à-dire, entre autres, qui surprennent les clients en bonne part et les concurrents en mauvaise part – à des situations ou à des problèmes.

Intelligence *créatrice* : en créativité personnelle, expression de son moi créateur.

Intelligence gagnante : type d'intelligence négligée par la quasi totalité des théoriciens de l'intelligence, ignorée par Gardner dans ses formes de l'intelligence (enfantine), appelée *mètis* (intelligence rusée) chez les Grecs, et redécouverte sous le nom de « *successful intelligence* » par Sternberg.

Combinaison d'intelligence créative, d'intelligence pratique (à la McGyver), d'intelligence relationnelle et d'intelligence logique.

Intuition : clé de la découverte scientifique, mais concept flou dans le langage de la psychologie de comptoir, qui remplace « imagination » quand on se refuse à employer ce mot pour faire plus sérieux.

Par exemple, chez Jung et corrélativement dans le MBTI, la fonction « Intuition » est très nettement une fonction « imagination ».

Il faut distinguer :

- l'intuition des circonstances ou de la situation (sixième sens : intuition des choses) ;
- l'intuition des sentiments des autres (empathie : intuition des hommes).

C'est dans les deux cas, une saisie ou une compréhension *immédiate* (sans passer par l'intermédiaire d'un raisonnemment) d'une situation.

Aucun verbe ne lui correspond en français usuel (on dit : « avoir l'intuition de quelque chose »). Le néologisme « intuiter » est à proscrire. Pour désigner le processus cognitif de façon rigoureuse, il suffit de reprendre « intuitionner », usuel en philosophie et qui fait référence à Descartes, Kant, etc.,

Invention : description d'un moyen ou d'une méthode permettant de faire quelque chose que l'on ne pouvait pas faire auparavant ou pas aussi bien.

Clés de l'invention : l'imagination et la bi (tri, multi-)ssociation.

Inventivité : capacité à inventer. Mot qui a été chassé par « créativité », plus « moderne ».

ISTJ : acronyme pour Introversion, Sensor, Thinking, Jugement (voir ENTP).

Correspond aux gens d'organisation.

Kano (Diagramme de –) : diagramme proposé par Noriaki Kano et mettant en évidence qu'il y a trois types de satisfaction des besoins : une insatisfaction dirimante, une satisfaction proportionnelle, une satisfaction exponentielle.

MBTI (Myers-Briggs Type Indicator) : inventaire psychologique américain donné comme déterminant les types de personnalité sur quatre dimensions (Extraversion-Introversion, Sensation-Intuition, Pensée-Sentiment et Jugement-Perception) et qui est, de fait, un inventaire des styles (décisionnels) de résolution de problème.

Au sein de l'entreprise, les deux types opposés au plan de la « créativité », de l'innovation et du changement sont les ISTJ et les ENTP.

Napstorming : néologisme humoristique créé sur le modèle de « brainstorming ». Variété de *bedstorming*. Technique créative individuelle consistant à trouver des idées au cours d'une sieste ou d'un somme (*nap* ou *afternoon nap* en anglais).

Le napstorming a été pratiqué – c'est attesté – par Napoléon – qui dormait pendant ses batailles ; Wellington – qui a fait sa petite sieste le dimanche 18 juin 1815 de 11 h 00 à midi avant de battre Napoléon ; Churchill – qui faisait sa sieste vers trois heures de l'après-midi tous les jours – ce qui lui permettait d'avoir mille idées par jour ; etc.

HermanMiller commercialise une *Chaise Lounge*, une chaise longue de bureau spécialement conçue pour dirigeant aimant faire des siestes créée par Charles et Ray Eames pour leur ami, le metteur en scène Billy Wilder (qui aimait en faire entre deux séances de prises de vue).

Nouveau : mot clé de la réclame, et notion absolument subjective. Est « nouveau » ce qui l'est pour celui qui en parle ou celui qui le croit. Très proche d'« inconnu » et d'« original ».

Nouveau produit : qualifié d'« innovant » quand on n'ose pas prétendre à l'innovation.

Obstacle : ce qui empêche d'avancer ou de progresser, de réaliser ce que l'on voulait faire.

Objectif :
1. But précis, ce que l'on veut obtenir comme résultat dans le cadre d'une contrainte de temps.
2. Une des étapes quantifiables et concrètes dans la poursuite d'un but (plus abstrait).

Opportunité : anglicisme bien utile.
Une occasion future qu'il faut se préparer à saisir.
En stratégie d'entreprise, on peut ainsi parler de « *strategic window* », de fenêtre stratégique.
C'est ce qui rendra possible, pendant un court laps de temps, ce qu'on veut faire ou réaliser. Et qui oblige à décider maintenant, ou bien à se tenir prêt dès maintenant.

Organisation : ensemble plus ou moins institutionnalisé de personnes liées par une série d'obligations et qui coordonnent leurs efforts.
En anglais, synonyme très souvent d'entreprise.

Original : ce à quoi les autres n'ont pas pensé (contraire : banal).
L'originalité d'une idée se mesure facilement par le pourcentage de personnes qui n'y ont pas pensé.

Paradoxe d'Abilene : du nom de la ville du Texas où les quatre protagonistes d'une histoire décident de se rendre pour faire plaisir aux autres alors qu'aucun ne le veut vraiment.
Situation paradoxale dans laquelle un groupe de personnes adoptent consensuellement une mauvaise solution qui ne convient à personne. Voir consensus.

Problème : plus ou moins synonyme de difficulté, d'obstacle, voire de fatalité.
1. Ce qui *empêche* (retarde ou complique) :
- de faire ce que l'on veut faire (réaliser) comme (de la façon dont) on veut le faire.
- de progresser dans la poursuite d'un but, ou l'exécution d'une tâche.

Suivant les tempéraments de chacun, le résoudre est perçu soit comme une corvée, soit comme un challenge motivant.

2. Difficulté à faire.
3. Écart :

- au présent, entre ce qui est et ce qui devrait être ;
- au futur, entre ce qui sera si l'on ne fait rien et ce que l'on veut que ce soit.

Un problème bien localisé étant souvent en bonne voie de résolution, la bonne question (causale) est, non pas « quel est le problème ? », mais « où est le problème ? »

Problem-solving : méthodologie de résolution de problème.

Provocation : un des ressorts de la production d'idées de solutions présentes ou futures et de l'innovation. À l'origine de la motivation créative.

Pugnacité : une des qualités clés de l'innovateur, qui doit être prêt à se battre pendant très longtemps avant de voir son idée acceptée.

Remue-méninges : traduction qui se veut créative de brainstorming proposée par Louis Armand – basée sur un faux-sens (de *storm*, substantif, tempête, alors que *to storm*, le verbe, dont *storming* est le participe présent ou, en grammaire anglaise, la forme progressive, veut dire s'attaquer à). Réunion plus ou moins impromptue et ludique d'expression et de collecte d'idées. Réunion ludique pour trouver des solutions ludiques à des problèmes ludiques.

Réunion-discussion : réunion intelligente de résolution de problème.
Réunion au cours de laquelle un groupe de personnes – l'optimum se situant entre 6 et 9 – va débattre d'un sujet d'intérêt commun, afin de parvenir à une décision acceptée par tous.
Voir : search-conference.

Résilience : capacité à sortir grandi d'une épreuve.
Capacité d'apprendre quelque chose et de rebondir.
Résistance psychologique active.

SCAMPER : acronyme de la liste des opérateurs d'Osborn reprise et complétée par Robert Eberle : Substitute, Combine, Adapt, Magnify, Modify, Put To Other Uses, Eliminate, Rearrange, Reverse (aussi devrait-on dire : SCAMMPERR). A été traduit en français par « concassage »

Search-conference : réunion-discussion à grande échelle (une centaine de participants).

Sérendipité : capacité cognitive de trouver, de découvrir (à la suite d'un incident éventuellement malheureux) ce que l'on ne cherchait pas, d'en comprendre l'intérêt et la valeur et de changer illico de stratégie.

À l'origine d'un grand nombre de découvertes scientifiques (de l'aveu même de plusieurs prix Nobel), comme la pénicilline, et, en vrac, de la création de McDonald's, de la conception du F-16 Fighting Falcon (l'avion de combat multirôles fabriqué par Lockheed-Martin actuellement le plus vendu au monde), de tous les édulcorants de synthèse actuellement sur le marché (aspartam, succharose, etc), du Viagra, du madère, du Sauternes, des bêtises de Cambrai, du tissu éponge, de la tarte Tatin, etc. etc.

Situation : en anglais, problème (« *We have a situation here* »).
Réponse à la question : quel est le problème ?

Solution :
1. Ce qui permet de faire ce que l'on veut faire comme on veut le faire.
2. Ce qui permet de surmonter une difficulté, de lever une incertitude, un obstacle.
3. Ce qui rend possible quelque chose qui était ou paraissait impossible.
4. Façon de franchir les obstacles empêchant de réaliser ce que l'on veut, comme on le veut.

Il y a toujours au moins trois solutions alternatives à un problème, exception faite (et encore !) des problèmes conçus spécialement pour qu'ils n'en aient qu'une seule (mathématiques, énigmes).

Notons qu'une bonne solution est souvent (hélas) une solution de *difficulté* (difficile à trouver, non évidente), c'est-à-dire l'inverse d'une solution de facilité, qui en général, n'est pas concurrentielle, à moins d'être une invention.

Solution alternative : à l'origine, en bon français, « qui énonce deux assertions dont une seule est vrai », l'adjectif appliqué à « solutions » désigne aujourd'hui, dans le langage courant, celle(s) – deux et plus – entre lesquelles il faudra choisir en fonction de critères de choix. À la base de la méthode du challenge-storming qui exige de toujours proposer au moins trois solutions alternatives à tout problème.

Solution concurrentielle : solution qui assure un avantage concurrentiel.

Solution gagnante :
1. Solution *concurrentielle* ayant une chance raisonnable de l'emporter sur des solutions concurrentes.
2. Solution qui a toute chance de réussir quoiqu'il puisse advenir ou quoi que puisse faire un adversaire ou un concurrent.

Solution de difficulté, encore une fois, parce qu'elle implique que l'on ait imaginé *tous* les scénarios et hypothèses concurrentiels possibles, et démontré, ou *tout* fait pour démontrer son efficacité et sa supériorité dans *tous* les cas de figure.

C'est le jeu intellectuel classique (le wargaming) qui permet de résoudre un problème d'échecs. La solution d'un tel problème est la suite de coups contre lesquels l'adversaire ne peut rien faire [1].

C'est ce que von Neumann et Morgenstern [2] appellent – en théorie des jeux – une « stratégie ».

---

1. Voir : « Le jeu d'échecs : une métaphore de grande valeur », dans : Adrian Slywotzky, *Patterns. 30 dynamiques de profit*, Village Mondial, 1999, p. 395-423.

2. John von Neumann and Oskar Morgenstern, *Theory of Games and Economic Behavior*, Princeton University Press, 1980, p. 79-80.

Solution stratégique : solution gagnante qui assure la pérennité et le développement d'une organisation ou entreprise et sa survie en cas de difficulté.

Stratégie : solution gagnante d'un problème concurrentiel ou stratégique.

Stress : incapacité, ou grande difficulté, à faire face à une situation, à un problème.
On ne voit pas, ou plus, comment s'en sortir.

Suggestion : idée d'amélioration (mineure).

Syndrome de Vitruve : par analogie avec la façon dont l'historien romain Vitruve raconte l'histoire de l'eurêka ! d'Archimède d'une manière qui l'arrange, tendance fâcheuse à réécrire l'histoire d'une découverte pour étayer une théorie généralement fausse.

Exemple : pour étayer la théorie de la bionique, qui veut que l'on s'inspire de la nature pour trouver des idées aux problèmes de l'entreprise, reprendre la légende qui voudrait que les ingénieurs de chez Bœing aient eu en 1947 l'idée des avions ravitailleurs du Strategic Air Command, les fameux KC-135, en voyant des libellules copuler en plein vol, alors que les premiers ravitaillements en vol avaient eu lieu dès 1923.

Ou bien la légende de l'invention du Walkman par Akio Morita sur un green de golf pour satisfaire sa passion de la musique. En fait, le Walkman a été inventé par Masaru Ibuka, le co-fondateur de Sony avec Morita, qui a l'idée un jour en se promenant dans les bureaux de remplacer les haut-parleurs du Pressman, petit magnétophone monophonique que le service de recherche tentait vainement de rendre stéréophonique par des écouteurs dont personne ne savait quoi faire.

Volonté : intention qui s'exprime au travers d'un but ou d'un résultat à atteindre.

Wargaming : tout à la fois processus stratégique et réunion créative inspirés des exercices opérationnels d'état-major, où l'équipe est scindée en plusieurs mini-équipes se mettant chacune dans la peau d'un des concurrents de l'entreprise. L'objectif est d'imaginer des scénarios et stratégies que ceux-ci ne peuvent pas imaginer que l'on imaginera.

On trouvcra unc vcrsion plus complètc dc cc lcxiquc sur lc sitc *www.intelligence-creative.com*

Bibliographie

On trouvera une bibliographie plus complète avec les liens Internet correspondant sur *www.intelligence-creative.com*
On trouvera aussi sur ce site des extraits et des résumés des livres conseillés ci-dessous.

- AMABILE Teresa, « Les six ressorts de la créativité », *Management*, n° 46, décembre 1998, p. 121-125.
- AUDIGIER Marc, Gérard COULON, Patrick RASSAT, *L'Intelligence économique, un nouvel outil de gestion*, Maxima, 2003.
- BARKER Alan, *Brainstorming. Comment libérer votre créativité en 30 minutes*, Les Éditions JV & DS, 1999.
- BARKER Alan, *Créativité pour manager*, Éditions JV & DS, 1999.
- BENNIS Warren, *Organizing Genius. The Secrets of Creative Collaboration*, Addison-Wesley, 1997.
- BONO Edward (DE), *La pensée latérale au service de la créativité dans l'entreprise*, Entreprise Moderne d'Édition, 1973.
- BONO Edward (DE), *Réfléchir mieux. Outils et techniques* Les Éditions d'Organisation, 1985.
- BONO Edward (DE), *Six chapeaux pour penser*, InterÉditions, 1987.
- BONO Edward (DE), *La boîte à outils de la créativité*, Les Éditions d'Organisation, 2004.
- CAGAN Jonathan, Craig VOGEL, *Creating Breakthrough Product. Innovation from Product Planning to Program Approval*, Prentice Hall, 2002.
- CLARK Charles, *Brainstorming*, Dunod, 1962.
- DERT François, *L'art d'innover ou la conquête de l'incertain*, Maxima, 1996.
- DRUCKER Peter, *Les entrepreneurs*, Hachette/Pluriel,1985.
- DYSON James, *Dans la cour des grands*, Le Cherche-Midi, 2003.
- GISCARD D'ESTAING Valérie-Anne –, *Le Livre Mondial des Inventions 2002*, Éditions XO, 2002.
- GOGUELIN Pierre, *La problémation*, Sedes, 1967, (tome 2 de *Le Penser efficace*).
- VAN DER HEIJDEN Kees, *The Sixth Sense*, Wyley, 2002.
- HALSMAN Philippe, *Halsman on the Creation of Photographic Ideas*, Ziff-Davis, 1961.
- HICKMAN Craig, Paul DUBRULE, Gérard PÉLISSON, *Le Plus Management ; âme de leader, esprit de manager*, Maxima, 1991.
- IRIBARNE Philippe (D')–, *La Logique de l'honneur, Gestion des entreprises et traditions nationales*, Seuil, 1993.
- ISAKSEN Scott, Brian DORVAL, Donald TREFFINGER, *Résoudre les problèmes par la créativité. La méthode CPS*, Les Éditions d'Organisation, 2003.
- JACQUES Jean, *L'Imprévu ou la science des objets trouvés*, Odile Jacob, 1990.
- KELLEY Tom, *The Art of Innovation. Lessons in Creativity from Ideo, America's Leading Design Firm*, Doubleday, 2001
- KERMADEC Yann (DE), *Innover grâce au brevet. Une révolution déclenchée par Internet*, Insep Consulting, 2001.

- Maier Norman, *Prise collective de décisions et direction de groupes*, Éditions Hommes et Techniques, 1964.
- Mathé Hervé, *Le service global : innovations et stratégies internationales de développement dans les services*, Maxima, 1997.
- Moles Abraham, *La création scientifique*, René Kister, Genève, 1957.
- Mulliez Gérard, Richard Whiteley, *La dynamique du client. Une révolution des services*, Maxima, 1994.
- Nayak Ranganath, Ketteringham John, *Douze idées de génie auxquelles personne ne croyait*, First, 1986.
- Ohmae Kenichi, *Le génie du stratége*, Dunod, 1991.
- Osborn Alex, *Your Creative Power. How to Use Imagination*, Charles Scribner, 1948.
- Osborn Alex, *Créativité. L'Imagination constructive*, Dunod, 1988 (traduction sous des titres divers suivant les éditions successives, la première datant de 1959, de : *Applied Imagination. Principles and procedures of Creative Problem-Solving*, 1953).
- Poncelet Pascale, « Rendez votre entreprise créative », *L'Entreprise*, n° 176, mai 2000, p. 50-56.
- Roche Loïck, Thierry Grange, *Innovation et technologie. Créativité, imagination & culture technique*, Maxima, 1999.
- Ribot Théodule, *Essai sur l'Imagination Créatrice*, Félix Alcan, 1903.
- Roberts Royston, *Serendipity. Accidentals Discoveries in Science*, John Wiley, 1989.
- Robinson Alan G., Sam Stern, *L'entreprise créative. Comment les innovations surgissent vraiment*, Éditions d'organisation, 2000.
- Rogers Everet, *Diffusion of Innovations*, Free Press, 1995.
- Russo Edward, Paul Schoemaker, *Les 10 chausse-trappes de la décision*, Les Éditions d'Organisation, 1994
- Scott-Morgan Peter, *The End of Change : How Your Company Can Sustain Growth and Innovation while Avoiding Change Fatigue*, McGraw-Hill, 2000.
- Steiner Gary, *The Creative Organization*, The University of Chicago Press, 1965.
- Sternberg Robert, *Successful Intelligence. How Practical and Creative Intelligence Determine Success in Life*, Simon & Schuster, 1996.
- Sternberg Robert, *Why Smart People Can Be So Stupid*, Yale Uninversity Press, 2002.
- Swiners Jean-Louis, Jean-Michel Briet, *Warketing ! Une autre vision de la stratégie*, ESF éditeur, 1993.
- Stroebe Wolfgang, Bernard Nystad, « Le brainstorming en question », *Cerveau & Psychologie* n° 3, sept. 2003.
- Swiners Jean-Louis, « Pourquoi tant de généraux perdent-ils tant de bataille ? », *Psychologie*, n° 141, novembre 1981, p. 32-35.
- Teissier du Cros André, *L'innovation. Pour une morale du changement*, L'Usine Nouvelle/Robert Laffont,1971.
- Tollet Françoise, « Créativité », *Business Digest*, supplément n° 106, mars 2001.
- Vitruve, *De l'Architecture (Livre IX)*, Les Belles-Lettres, 2002.
- Valet Rémi, « 10 Stratégies pour avoir des idées », *L'Entreprise*, n° 176, mai 2000, p. 58-66.
- Vogel Craig, Jonathan Cagan, *Creating Breakthrough Products : Innovation from Product Planning to Program Approval*, Prentice Hall, 2002.
- Young James Webb, *A Technique for Producing Ideas*, McGraw-Hill, 2003.

Index

A

B

C

D

J

K

L

M

N

O

P

Achevé d'imprimer
sur les presses de la Nouvelle Imprimerie Laballery
58500 Clamecy
Numéro d'impression : 405112

Imprimé en France